ジャック・スタック
Jack Stack with Bo Burlingham
楡井浩一［訳］
Translation by Koichi Nirei

グレートゲーム・オブ・ビジネス

社員の能力をフルに引き出す最強のマネジメント

徳間書店

ベツィの並々ならぬ強さと愛情に。

そしていつも様々なことを教えてくれるライアン、ケイティ、メガン、ティミー、カイリーに。

きみたちの世代に、今よりもっと豊かな社会を残してやりたい。

今より貧しい社会ではなくて。

THE GREAT GAME OF BUSINESS

グレートゲーム・オブ・ビジネス

社員の能力をフルに引き出す最強のマネジメント

CONTENTS

THE GREAT GAME OF BUSINESS

CONTENTS

装丁
花村　広

実践の手引き――ゲームの始めかた

グレートゲーム・オブ・ビジネスで大切なのは、社内の情報のやりとりを、明瞭で、生産的で、開かれたものにできるかどうかだ。そうした情報のやりとりを確立しようとするうえで、本書がよき出発点になったという会社は多い。本書をそのような目的で読まれるかたには、ぜひ次の始めかたをすすめたい。まず従業員に「本書のなかで興味をひかれた箇所や、業務に関係すると思われる箇所はどこか」という質問をぶつける。そして彼らが挙げた箇所に的を絞って、みなで意見を述べ合ってみるのだ。議論のとっかかりが必要な場合は以下に記す質問を参考にするといい。

1　なぜ、利益のあげかたを社員に教えるのか

●利益一般に関して

利益は良いものか、それとも悪いものか？　利益はどのように生まれ、どのように消えてゆくのか？　利益が多すぎる、あるいは利益が少なすぎると言われるとき、人はいかにして適正な利益を定めているのか？　そもそも利益とは何なのか？

●自社の利益に関して

われわれはどのように収益をあげているのか？　われわれの製品を誰が、なぜ買っているのか？　主力製品（あるいはサービス）による利益はどれくらいか？

●収益と資産に関して

収益をあげることと資産を作ることとの違いは？　利益を出していながら会社が潰れるのは、どういうときか？　預金があるのに会社が潰れるのは、どういうときか？

●仕事と雇用の安定に関して

「しょせん仕事は苦痛なもの」という考えかたで働いていないか？　もしそうなら、それは問題ではないか？　雇われ人とプロフェッショナルの仕事にたいする意識はどう違うか？　従業員にとって雇用の安定はどのような意味を持つか？　安定した収入を得るにはどうすればいいか？　給与や手当を削られてでも雇用の安定を求めたいか？　完璧な雇用の安定など存在するのか？

●富と富の創出に関して

富ないし財産とはいかなるものか？　財産を築くことは良いことか、それとも悪いことか？　人はいかにして百万長者になるのか？　会社は自らの財産（資産）を、社員にたいしていかに分配すべきか？　より大きなリスクを背負ったものに、より多く分配すべきだろうか？　そもそも社員の給料の多寡はいかにして決められるのか？

2　社員管理の神話

●真実を教えることの害に関して

管理職が従業員に真実を言ってはいけない状況はあるか？　その例が職場に見当たるか？　あなた自身はいかなる状況のときに、上司や同僚に「真実」を黙っていてほしいと思うか？　逆に、真実を言ってほしいのはどんなときか？　会社の人間は、真実を述べ合っているか？　なぜ真実を述べるのか？　あるいはなぜ真実を述べないのか？

●「好人物」になることの害に関して

従業員は上司を怖がっているか？　もしそうなら、何を怖がっているのか？　上司を恐れるべき理由はあるか？　恐怖心は、建設的な効果をもたらしているか？　仕事への動機づけになっているか？　管理職は、部下の恐怖心をうまく利用するべきか、それとも取り除くよう努力すべきか？　そもそも、部下に恐れられずに管理職の務めを果たすことは可能なのだろうか？

●管理職の役割に関して

管理職の責務は何か？　部下が上司に望むものは何か？　部下が何を望んでいると上司は思っているか？　上司は部下の望みを正しく理解できているか？

●働く動機に関して

そもそも、働く動機とは何か？　どこから来るのか？　やる気を引き出すには、どうするのがいちばんいいか？　つらい仕事や退屈な仕事をさせるには、どうすればいいか？　賃金が最も効果的な動機づけになるか？　現在、従業員に働く動機をもたらしているものは何か？　役立ちそうな動機づけ要因がほかにあるか？

3　勝利の味を知ろう

●管理職にたいする信頼に関して

上司の言うことを信じているか？　上司が腹を割って話していると感じるか？　そう感じられないなら、それはなぜか？　上司はどういった点を改善すればいいか？

●従業員の態度に関して

社員はビジネスにおけるゲームに勝つことを欲し、勝つことができると信じているか？　負けたときの言い訳ばかり考えてはいないだろうか？　もし彼らが言い訳がましいことばかり言うとしたら、その理由はなんだろう？　責任感が欠如しているのではないか？

●誇りとオーナー意識に関して

会社に誇りを感じるか？　自分のしていることに誇りを感じるか？　誇りやオーナー意識を育てるために、何をすればいいか？　自分の仕事の内容について家族はどれほど知っているか？

●ゲームの導入に関して

身のまわりに、みなで取り組めばすぐに解決できそうな問題はないだろうか？　その問題を解決するための取り組み（とその成果）は数値化することができるか？（答えがイエスなら、それがあなたの会社が手始めに導入すべきゲームだ）目標となる数値はどのようなものであろうか？　どれだけの数字を達成すれば、そのゲームに勝利したことになるだろう？

◆キーポイント◆この点については少し多めに時間を割く価値がある。どの企業もたいていは、小さなゲームの積み重ねから始めている。そうすることでチームワークや勝つ習慣を身につけていく。

●勝利を祝うことに関して

社員に勝ち癖をつけるチャンスを逃していないか？　新記録の樹立や目標達成を、従業員に発表しているか？　もっと多くの目標を設定すべきか？　勝利と呼べるものを積極的に見つけ出して、祝っているか？

4　会社の全体像を見る

●全体像の定義に関して

仕事の背後にあるより大きな目的は何か？　なぜ、生活のかなりの部分を割いてまで会社に来て仕事をすることに価値があるのか？

●全体像の共有に関して

従業員が会社のしくみを理解しているか？　別の部署の仕事の内容を知っているか？　そもそ

も、会社はなぜいくつもの部署に分かれているのか？　各部署はどういった役割を果たしているのか？　お互いどのように支え合っているのか？

●さまざまな部署を経験させることに関して

社員が同じ部署に長く居すぎてはいないか？　各自が他部署を経験していたほうが、チームとしての強さが増すのではないか？　定期的な配置換えや部署間交流の制度を設けるのはどうだろうか？

●混乱したメッセージに関して

会社が何にプライオリティを置いているのか社員にしっかり伝わっているだろうか？　もし伝わっていないなら、その原因はどこにあるのか？　ボーナス（報奨）制度のありかた、業績評価の方法などに問題はないだろうか？　会社のメッセージが社員にしっかり伝わるようにするためには、どうすればいいか？

●地域社会とのつながりに関して

どうすれば自分の仕事を社会に結びつけられるか？　従業員は自社について、社会貢献を重んじる会社だと思っているか？　企業は地域社会に貢献するべきか？　もしそうだとすれば自分たちには何ができるか？　会社側は従業員の社会参加をどういった形で促せばいいか？

5　オープンブック・マネジメント

●情《じょう》の排除に関して

個人的な感情のせいで、ビジネス上の判断を誤ったことはないだろうか？　なぜ、往々にして感情は適切な行動を妨げるのか？（あなた自身の経験を振り返ってみてほしい）ビジネスの現場で、あなたはどのような感情を抱くことが多いだろうか？　その感情はビジネスの邪魔になってはいないか？

●業界一安い原価に関して

業界内で原価を最も低く抑えているのはどこの会社か？　その会社は、自社にとって脅威か？　顧客の立場から見た場合、よそでは手に入らない製品が自社にあるか？　顧客はその製品にいくらまでなら出すだろうか？　従業員は、自社の原価についてどの程度知っているか？　原価を抑えるために、どういった取り組みを従業員に促せばいいか？

●競争相手の脅威に関して

商売敵に自社の財務情報を知られた場合、予想される最悪の事態はどのようなものか？　逆に、こちらが商売敵の数字を手に入れたら、何ができるか？　実際にそれを手に入れるのはむずかしいことか？

●従業員への不安に関して

従業員が自社の財務情報を知った場合、それを使って、会社に不利益なことをする恐れはあるだろうか？　従業員は、各数字の意味をじゅうぶんに理解しているか？　学ぶ意欲を持っているか？　業績が悪くても、数字を見てあきらめたりせずに、業績のいいときと同様、数字を有効に利用できるか？　彼らには数字の裏にある全体像が見えているか？　それとも、自分さえよければいいと考えているか？　自分の成績（数字）ばかり考えている従業員にどう対処すればいいか？

●給与額の公開に関して

個人の給与額を社内公開することにメリットはあるだろうか？　同僚の稼ぎを知ることがやる気を引き出したり、逆にやる気を殺《そ》ぐとしたら、そこにはどんな理由があるのだろう？（わたしの会社ＳＲＣを始めオープンブック・マネジメントを採用している企業の大半は、個人の給与額を公開してはいない。その理由についても考えてみていただきたい）

6　標準を定めよう

●会社の命運を左右する数字に関して

自社の命運を左右する数字は何か？　それはひとつか、それとも複数か？　部門ごとに命運を左右する数字は異なるか？　全員で同じ数字に取り組むべきか？

◆キーポイント◆この数字もよくゲームの出発点にされる。会社の命運を分ける数字を見つけて、そこに照準を当てたゲームを作れれば、一気にはずみがつくだろう。

●標準原価という目標に関して

標準原価を知ることはなぜ大切か？　自社の標準原価は、競合他社より低いか？　他社より低く抑えるべきか？　標準原価を低く抑えることはどれほど重要か？　標準原価と市場売価とは、どういった関係にあるのが望ましいか？

●標準原価計算システムの確立に関して

今の時点で、自社の標準原価をどれほど把握しているか？　どうすれば正確な標準原価を割り出せるか？　どれくらいの頻度で、その数値を見直すべきか？　標準原価を、日常業務で利用できる道具に変えるには、どうすればいいか？　標準原価を達成しようという社員の意欲をかきたてるために、何ができるか？

●間接費の回収に関して

自社の間接費配賦率は？　その数字はどのような意味で重要なのか？　従業員に間接費配賦率を理解させるには、どういった説明を試みればいいか？　なぜ、従業員が間接費配賦率を知っている必要があるのか？

7　称賛よりも金をくれ

●ボーナス制度の効果に関して

ＳＲＣが採用するストップ－グーター制度と自社のボーナス制度とでは、どこが違うか？　ストップ－グーターのどの要素を取り入れるのが、自社の状況に合っているか？

●ボーナス制度の効果に関して

意欲の向上に結びつかないボーナス制度がこれほど多いのは、なぜか？　ボーナスの適切な支給回数は、年間でどれくらいか？　支給基準となる目標は、いくつ設けるべきか？　全員共通の目標にするべきか？

●支給額に関して

支給額の多寡は重要か？　支給額の大きさによって、ゲームへの取り組みかたは変わるか？

●支給額の平等化に関して

地位に関係なく、全員が同じ額をもらうべきか？　それとも、地位や役割に応じて差をつけるべきか？　どれほどの差なら、社員間に壁をつくらないか？

●ボーナスの教育的効果に関して

ボーナス制度を通して、社員は何かを学んでいるか？　たとえば財務関係の知識を深めたり、ビジネスの本質を理解したり、全体像を意識して仕事に取り組むようになったりといった、何らかの進歩が社員の間に見られるだろうか？

8　一年のゲームを考える

●予算とゲーム計画に関して

単に年間予算をたてることと、年次ゲーム計画をたてることとはどのように違うだろうか？　年次ゲーム計画には、どのようなものを盛り込むべきか？　計画策定プロセスに全従業員を参加させるには、どのような工夫が必要だろうか？　どのような手順で、どのくらいの時間をかけて計画を策定すればよいだろうか？

●売上予測に関して

正確でぐらつかない売上予想を立てることの重要さを、どうやって販売部門の人間に理解させればよいか？　低い目標設定にだまされたり、表面的な事象に惑わされたりしないためには、どうすればよいか？　あまりに低い目標を設定する従業員への対処はどうすべきか？　そのような目標をもう一度考え直させる場合、計画策定の期間をどのくらい延ばさなければならないか？

●従業員の合意に関して

どうすれば、計画を全社員に受け入れてもらえるか？　目標を決める作業に、どうやって従業員を参加させるか？　従業員が次年度の達成目標をどのあたりに置いているかについて、管理職は把握しているか？　それを把握する方法はあるか？　目標にともなって適切な行動を引き出すには、何をすればいいか？　計画を実施する前に、各従業員の了承を得るべきか？　各部署の了承を得るべきか？

●年度途中での計画変更に関して

年度の途中で何か不測の事態が発生した場合、どう対応するべきか？　売上予測が誤りだったと判明したら？　大口の取引先を失ったら？　逆に、大口の新規顧客を得たら？　思わぬ原料費の高騰があったら？　ゲームを損ねずに、計画は変更できるだろうか？

9　円陣会議《グレートハドル》

●幹部会に関して

幹部会が定期的に開かれることについて、社員たちはどう思っているだろうか？　時間の無駄だと思われてはいないか？　そもそも会議を開くことの意味は何か？　われわれが行なっている円陣会議《グレートハドル》の精神を取り入れることで、幹部会をもっと実りあるものにできないだろうか？

●各数字に名札をつけることに関して

損益計算書の各要素ごとに、それぞれ責任者を割り当てることはできないだろうか？　そのためには、特別製の損益計算書が必要になってくるか？　最大で何人くらいに責任を分担させることが可能であろうか？

●会議を開くタイミングに関して

会議をどれくらいの頻度で開くべきか？　どうすれば予定どおりの時間に始めて、予定どおりの時間に終えられるか？（追記／現在のSRCではグループ会社全体の幹部会は毎週の開催ではなくなったが、各子会社ごとの幹部会は今も毎週開いている。当社の場合、毎週の開催がどうしても数字をコントロールするために不可欠だからだ。また、会議を開く間隔や時間のほうは、以前と変わらず厳密に守られている）

●リーダーの役割に関して

会議を取り仕切る上司にたいして、従業員はどういった態度をとっているか？　指示を仰いでばかりいるか？　単なる報告者に徹しているか？　上司は話す一方か、あるいは聴く一方か？上司はすべての問題にたいして、何らかの見解を示さなければいけないか？　リーダー役を放棄せず、会議を牛耳りもしないというやりかたは可能か？

●数字の書き取りに関して

数字について従業員の誰もがよく理解しているなら、わざわざ書き取らせる必要はないか？

頭の中で処理できるほど、みな計算が得意だろうか？（追記／SRC全体の幹部会では、もう数字の書き取りは行なっていない。だが、なかには書き取りをやめたのは誤りだと主張する者もいる。確かにわたし自身、数字の書き取りに学習上の重要な効果があることは事実だと思う。大きな幹部会以外では今も各自に計算を励行させている）

10　全員がオーナー意識を持とう

●資産一般に関して

富が生まれるしくみについて把握しているか？　貸借対照表や損益計算書を読めるか？　資産項目や負債項目については知っているか？　純資産額についてはどうだろうか？　会社が売却されたらどうなるか理解しているか？

●長期的な視野に関して

なぜ長期的な視野を持つことが大切なのか？　経営安定のためなら従業員は目先のボーナスを諦めてくれるか？　長期的な視野で物事を考えるよう従業員を促すには、どうすればいいか？

●従業員が自社株を所有している場合のゲームに関して

どういうときに株価が上がるか知っているか？　株価の算定方法がわかるか？　株式収益率を理解しているか？　自社と他社の株価の比較方法は？　自社株の市場価値を下げる要素は何か？

●従業員が自社株を所有していない場合のゲームに関して

従業員が自社株を所有をしていないと、どういった点でゲームにとってマイナスとなるか？　自社株を所有していない従業員が、オーナー意識を持って行動できるだろうか？　目先のことにとらわれてしまわないだろうか？　自社株を与える以外に、長期的な視野をもつことを促す方法はあるか？

●全員参加と民主主義との衝突に関して

従業員を経営に参加させるということと民主的な経営をするということとは、どう違うか？　どのような問題に関してなら、従業員の意思表明を最大限尊重できるだろうか？　従業員に意思を表明させる前に、どういった環境を整えておくべきか？

11　最高レベルの考え方をする

●健康保険などの諸手当に関して

健康保険料などの諸手当を会社がいくら負担しているか、従業員は知っているか？　諸手当の抑制について、従業員に協力を呼びかけたことはあるか？　諸手当のなかから取捨選択させたら、従業員はどれを選ぶだろうか？　それを知るには、どうしたらよいか？

●機会の提供に関して

身のまわりに見過ごしているビジネスチャンスはないか？　その新たなビジネスチャンスに従業員を挑戦させたら、喜んで取り組むだろうか？　なぜ喜ぶのか、あるいは喜ばないのか？

●「キャッシュフロー生産役」と「間接費負担役」に関して

自分のいる業界でキャッシュフローを生むものは何か？　間接費を吸収してくれるものは何か？　このような観点からビジネスを眺めることには、どういった利点があるか？　ビジネスのどういった点が見えてくるか？

●自分の会社を持ちたいという憧れに関して

従業員は自分の会社を持ちたいという夢を持っているか？　会社側は、そのような従業員の意識について知っておくべきか？　オーナーシップの魅力とは何か？　金銭面に関することか？　自分が自分のボスになれるからか？　好きなように行動できるからか？　誰の指図も受けずにすむからか？　そのような思いを会社内で満たす方法はないだろうか？

12　究極の法則――管理職へのメッセージ

●上司にゲームを実行させることに関して

上司を説得するにはどういった努力が要るか？　上司にもゲームに参加してもらう必要があるか？　上司から許可ないし暗黙の了解を取りつけねばならないか？　ゲームを実践するうえで、ほんとうに上司が邪魔なのか？　実は、上司を口実にしているだけではないのか？

●上司ぬきでゲームを行なうことに関して

自分の持つ情報をみなと分かち合っているか？　自分の力で取り払える情報障壁はあるか？　どうすれば今すぐゲームを始められるか？　それはどのようなゲームか？

●仕事を楽しむことに関して

仕事を楽しむことは大切か？　なぜ大切か？　あなたが仕事を楽しいと感じるのは、どういうときか？　社員同士、どこまでわかり合えるか？　いったいわれわれは、仕事から何を得たいと思っているのか？　どうすればそれは手に入るのか？

「本当に、そんなにうまくいくもの？　それとも単なる宣伝文句？」

ああ、こう訊かれるたびに、わたしたちに一ドル入ったらいいのに。そして答えるつど、さらに五ドル受け取れたら……。ちょっと考えてみよう――それはいわゆる「営業外収入」で、すべて「現金」で入ってくる。間接費、人件費、材料費の欄に変化はないから、儲けがそっくりそのまま最終行の数字になる。丸儲けだ!!!　株価は上昇し、いっそうの雇用の安定につながること間違いなし。そう、このように考えるのがゲームに参加するということなのだ。

こんな考えを抱く部下がいたら恐ろしいだろうか？　あなた自身がこのような考えを抱くことに、ためらいを感じているだろうか？

もし「グレートゲーム・オブ・ビジネス」を疑っているのなら、わたしのお仲間かもしれない。わたし自身、はじめは頭からこのゲームを疑っていたからだ。本書に、生産コストを知らないがために若い女性工員が業務をストップさせ、ラインを停止に追い込んだという話が出てくる。その若い女性こそ、このわたしだ。わたしは物事が自分の思いどおりにいかないと、文句を言ったり、悪態をついたりする。こんな人間にゲームを教えるのに、ＳＲＣはどれほど手を焼いたことか。

単なる宣伝文句？　改心してゲームを信じるようになった一介の時間給労働者が、数年で管理職まで昇進する。まさに効果抜群の宣伝文句に違いない。そして、ほんとうに、そんなにうまくいくのだ！

実際、ゲームのすばらしさに気づくきっかけは、人によってみな違う。信じなかった人間がやがてゲームを信じるようになった例は数多くあるが、そのなかに同じ経緯を辿ったものはほとんどない。それでいてゲームには、わたしたちをひとつにまとめる力がある。わたしたちの会社は、一致団結することで、ときに大企業の向こうを張りながら厳しい経営競争を生き抜いてきた。と同時に、ゲームは社内を活性化して、部署間にいい意味での対抗心を芽生えさせる。そういったなかで働くのは楽しいし、職場には笑い声が絶えない。

ずばり、ゲームには何が必要か？

ＳＲＣでよく言うように、それは「やりたいと思わなくてはいけない」ということだ。

デニース・ブレッドフェルト
リサーチ部長（元トランスミッション製造工場の工員）

高次の法則

1 与えたぶんだけ得られる。
2 ひとりを倒すのは簡単だが、100人の集団を打ち破るのは容易ではない。
3 自分の行為は自分に跳ね返ってくる。
4 やるべきことをやる。
5 やりたいと思わなくてはならない。
6 ファンはだませても、プレーヤーは絶対だませない。
7 底辺を引き上げれば、おのずと頂点も上がる。
8 従業員は目標を自分で定めたなら、たいてい達成する。
9 誰にも注意を払われないと、工夫しなくなる。
10 変化はトップから始まる。

究極の法則

最高レベルの考え方をすれば、
最高レベルの成果をあげることができる。

1 なぜ、利益のあげかたを社員に教えるのか

窮すれば通ずるのだろうか。金もなければ、外部の資金源もない。従業員一一九名全員の働き口や住む家、いや、あすの夕食の献立でさえ、われわれの肩にかかっている。

一九八三年二月、独立会社になった最初の月に、わたしと一二名の幹部が直面したのは、このような状況だった。われわれの会社が運営するのは、ミズーリ州スプリングフィールドにある小さな工場で、それまで同工場はインターナショナル・ハーヴェスター社に属していた。深刻な経営難に陥った当時のハーヴェスター社は、さながらタイタニック号のように勢いよく沈みつつあり、われわれを切り捨てることで、どうにか沈没を免れようとしていた。

働き口を失いたくなかったわれわれは、ハーヴェスター社から工場の買い取りを持ちかけられ

ると、一も二もなく、そのチャンスに飛びついた。しかしそれは、嵐の真っ只中で水漏れのする救命ボートに飛び乗ったようなものだった。新会社には大量の負債があって、ちょっとした波にも転覆しかねなかったのだ。
みな不安だった。従来の経営手法に頼っても、助かる道は開けそうにない。そこで、われわれはビジネスの高次法則と考えるものに基づいた、新しい手法に活路を求めることとなった。

★一番めの高次の法則
与えたぶんだけ得られる。

★二番めの高次の法則
ひとりを倒すのは簡単だが、一〇〇人の集団を打ち破るのは容易ではない。

これらの法則は、誰かに教えてもらったわけではない。こういった知恵は学校では教わらず、社会経験を積むあいだに自然と自分で学び取るものである。いずれにせよ、これらが真のビジネス法則であることは確信できる。だからこそ、われわれは生き延びることができ、以降今日まで成功を続けてこられたのだ。グレートゲーム・オブ・ビジネスも、まさにこの法則から生まれた。このふたつの法則に、われわれの成功の秘密は要約されている。すなわち、この法則が強調しているのは、会社の人間がみなあらゆる面で依存し合っているということである。依存し合っているからこそ、われわれは強いのだ。

グレートゲーム・オブ・ビジネスとは具体的にどのようなものなのか、とよく訊かれる。正直なところ、これはわたしにもなかなか答えにくい。なぜならグレートゲーム・オブ・ビジネスはシステムではない。方法論でもない。哲学や態度でも、ひとそろいのテクニックでもない。それらすべてであり、それら以上のものだからだ。それは従来とまったく異なる経営手法であり、まったく新しい経営の考えかたなのだ。

ゲームの基礎にある考えはごくシンプルで、以下のように表現できる。

ビジネスを営むうえで最も効率がよくて最も利益のあがる究極の方法は、会社のすべての人間に運営に関する発言権を与えて、なおかつ業績のいいときも悪いときも常に財務状況を公開することである。

われわれはこの理論に従って、ビジネスを、社員全員が参加するゲームに仕立てあげた。このゲームは、ビジネスを楽しくするだけではない。勝ちたいという普遍的な人間の欲求を刺激して、会社に大きな競争力をもたらすための手だてでもある。グレートゲーム・オブ・ビジネスに勝てば、そのぶん人生や暮らし向きがよくなるという大きな報酬が待っている。ただし、チームプレーを心がけて活力のみなぎる会社を築かなければ、その報酬は得られない。

ゲームの効果はすばらしかった。一九八三年から一九八六年にかけて、売上が毎年三〇パーセントずつ伸びて、初年度の六万四八八ドルの損失は、四年目には二七〇万ドル（売上の七パーセント）の税引前利益に変わった。そのあいだ、ひとりの解雇者も出していない。年間の受注契約が四〇パーセント減ったときも、誰の首も切らなかった。一九九一年の時点で、年間の売上高は七〇〇〇万ドルを超えて、従業員数も当初の一一九名から六五〇名にふえた。しかし、それら以上に目覚ましい成果は株価だ。工場を買い受けたときに一株一〇セントだった株価が、八年のあいだに一万八二〇〇パーセントも上昇して、今や一八・三ドルになった。その結果、初めからスプリングフィールド・リマニュファクチャリング社（以下SRC）にいた時間給労働者の場合、従業員持ち株制度によって所有する株式の価値は、ひとり当たり三万五〇〇〇ドルにのぼる。これはスプリングフィールドでは、家を一軒買える金額だ。

われわれは何も、最先端テクノロジーや流行の波に乗ったわけではない。工場での仕事には、しんどくて、うるさくて、汚れにまみれる作業が含まれる。耳栓は欠かせず、毎日、家に帰る頃になると全身油だらけになる。SRCが手がけるのは、エンジンやエンジン部品の修理だ。自動車やブルドーザー、トレーラーの使い古されたエンジンを集めてきて解体し、組み立てなおす。状態のいい部品を選り分けたり、壊れた部品を直したり、修理のきかない部品を取り替えたりする。だがある意味、エンジン云々はわれわれにとって二次的な事柄でしかない。本当の中心は、教育にある。わが社では社員にビジネスを学ばせ、ゲームを楽しむのに必要な知識を授けることに大きな力を注いできた。

ゲームの基本ルール

ビジネスの決め手となる要素は、つまるところふたつしかない。ひとつは収益をあげることで、もうひとつは資産を作ることだ。企業運営にミスはつきものだが、この二点がうまくいっているかぎりは会社はぐらつかない。もちろん安全や品質、確実な納品、顧客サービスなどが大切でないと言うつもりはない。どれも大切だ。ただし、それらはいずれも手段にすぎず、最終目標でも、生き延びるうえでの条件でもない。ビジネスの世界ではいくら顧客サービスが完璧《かんぺき》で、工場の作業環境がきわめて安全で、製品が業界随一の品質であっても、立ちいかなくなる場合があるのだ。

企業の磐石《ばんじやく》さを築く唯一の方法は、収益をあげて資産を作ること。ほかはすべて、そのための手段にすぎない。

いかなる業界の企業もこの単純なルールに従っているのだが、たいていの会社は、社の命運がこの二点で決まることをいっさい従業員に教えていない。従業員は、一日八時間の就業時間中にこなすべき仕事を指示されるだけで、全体の中で自分がどのような位置にいるかについては知らされないままだ。自分の行動がほかの従業員にどのような影響を与えるのか、各部署がどれほど相互に依存し合っているのか、それぞれの従業員が会社全体のなかでどんな役割を果たしているのか、などといったことはまるで説明されない。とりわけ、収益のあげかたと資産の作りかたを会社が教えていないのは、いちばんの問題だ。従業員の一〇人に九人は、収益をあげることと資産を作ることの違いさえ理解していない。

ＳＲＣでは、これらのルールを全従業員に教えたうえで、この知識を土台に企業運営の複雑なしくみを学ばせている。つねに「全体像」を工場労働者に提示することにも特別の努力を払う。われ関せずの風潮が職場に生まれないよう、命令や無理強いではなく、教育によって従業員の関与を促している。その過程では、アメリカのビジネス界を二分する深い溝――従業員と管理職のあいだの溝――を埋める努力もする。要は、全員が同じ目標に向かって協力できる体制づくりだ。そのためには、社員同士を隔てる壁、チームプレーの妨げになる壁を取り払わねばならない。

無知こそ、最大の障壁である。

無知が不満を生む。無知と不満とは表裏一体の関係にある。たいていの会社では、無知は三つの層に存在する。

1 経営幹部の無知。しょせん下の人間には、経営者の抱える問題や責任など理解できるはずがないと思い込んでいる。

2 現場の従業員の無知。たいがいは経営のことをまったく知らないため、会社のあらゆるミスを経営陣の強欲と無能のせいにする。

3 中間管理職の無知。たえず上からの要求と下からの要求の板ばさみにあう。双方を喜ばせねばならず、会社の中で最もしんどい立場に置かれる。現場の従業員の味方につけば、経営陣と対立するし、経営陣の味方につけば、従業員とのあいだに揉め事が起きる。そして結局は、自分自身が仕事をまったく楽しめなくなる。

いずれも、ビジネスについての根本的な理解不足が原因だ。会社で働く者のほとんどが、ビジネスをまるで理解していない。彼らの考えは誤解に満ちており、例えば、儲けることを汚ないことだとさえ考えている。その儲けは、こっそり経営者の預金口座に流れていくとでも思っているのだ。営業収益の四〇パーセント以上が税金で持っていかれることを知らない。収益をあげても、勘定を払う現金がない場合や、現金収入があっても営業損失の出る場合があることなど、思いもよらない。

社員一丸となって働く会社にしたければ、このような無知をなくす必要がある。とはいえ、これはなかなかむずかしい。ほとんどの社員が、ビジネスを退屈きわまりないものと感じているからだ。利益やキャッシュフローの話は社員の興味を引かない。他人の儲けをふやすための話に、本気で関心を持てるはずがない。もちろん、職を失わないようにはするが、それ以上の積極的な関与は拒むだろう。従業員の目に、ビジネスはややこしくて、面倒で、わかりにくい、抽象的なものと映る。ビジネスを軽蔑する従業員さえいるかもしれない。

ここでゲームの出番となる。われわれは従業員に、ビジネスについての従来の考えが誤っていること、ビジネスとは実はゲームであることを教える。野球やゴルフやボウリングにくらべて特に複雑なゲームであるわけではない。違いは、賭けるものが大きくなる点だ。ソフトボールならば、優勝トロフィーをもらえるかどうかですむが、ビジネスというゲームには、家族の生活や自分の夢がかかっている。とはいえこのゲームで勝つのに、ウォルマートのサム・ウォルトンのような天才起業家になる必要はない。ルールを覚えて、基礎をしっかり身につけ、チームプレーを心がける気持ちがあればそれでいい。

SRCでは、社員のグレートゲーム・オブ・ビジネスへの参加を促すために、あらゆる取り組みを行なっている。ルールの説明に始まって、記録のつけかたや行動の結果の追いかたを教える。

次に、そのために必要な情報を惜しみなく提供する。また、成果に応じて大きな見返りも用意している。例えば株式の付与、利益配分、そして昇進、さらには独立支援という形で新たな挑戦の機会を与えるといった具合だ。しかもこうしたことはいずれも、一〇〇年以上前からビジネス界で使われてきた道具を用いて行なわれている。特に重宝しているのは、財務諸表という道具だ。

ゲームに使う基本的な道具

われわれはSRCへの就職希望者にたいして、うちでは部品解体などの作業は仕事の七割で、残りの三割はビジネスの勉強だということを伝える。つまり金の儲けかた、収益のあげかたを学ぶわけだ。経理スタッフによる講習会、職長や班長による直接指導、教材の配布など、その方法は多岐にわたる。税引後利益、社内留保利益、株式、キャッシュフロー、とにかくすべてを教える。社員全員に、損益計算書と貸借対照表を読めるようになってほしい。だからこう言う。

「あとは、ここで働きたいかどうか、どうぞご自身で決めてください。ただし、以上お話ししましたことがうちで働くときの基本ルールです」

そしてゲームをおもしろくするために、さまざまな工夫を凝らす。例えば週一回、すべての職長が最新の財務状況を確認するためのミーティングを開く。参加者はめいめいに数字を書き留める。この数字によって、年間目標と現状との差や、四半期のボーナスの有無がわかる。理解が深まれば、興味も増す。競争心、プレッシャー、目標を追い求める楽しさから、頭の中にはつぎつぎと数字が浮かぶようになる。ゲームの味を知れば知るほど、学習も熱を帯びていく。

ビジネスが俄然わかり始める。資本主義のしくみがわかってくる。だが、その理解には全体を見わたす視野が欠かせない。特定の仕事や部門、役割にのみ目を向けていてはいけない。往々にして、社員の視野は狭くなりがちだ。ゲームはこの壁を取り除く。会社の人間はみなチームメートであり、勝ち負けを共有しているということを社員に気づかせるのだ。人は団体での勝利にこそ真の喜びを感じる。そのような勝利こそ、最高の成功だからだ。ひとりで勝つより、ずっと気分がいい。自分だけが報酬を受け取るのではなく、全員で報酬をわかちあえる。利益やキャッシュフローといった観点を持てば、社員全員が支え合っていることも見えてくる。他者の立場から物事を考えたり、広い視野から物事を見たりすることが、どうしても必要となってくるからだ。

無知が会社をだめにする

不思議なのは、よその会社ではこういった取り組みが行なわれていないことだ。わたしは一〇年以上、シカゴにあるインターナショナル・ハーヴェスター社の大工場に勤めていた。そこでは、毎週金曜日に定例会議が開かれて、よく工場長が、やれ業績を伸ばせ、収益をふやせとはっぱをかけた。だが、具体的にどうやって業績を伸ばすかについては一度たりとも教えてもらったことがない。その代わり指図は多い――クランクケースをどこそこのラインへ持っていけ、事故を減らせ、何々の生産性をアップさせろ、など数々の命令を受けた。わたしはどうすれば収益があがるのかについて、まったく知らなかった。そんな状態で何百人もの部下を抱えていたのである。そしてとうとう、もっといい方法があったことに気づく。それが財務諸表だ。ずっと昔からビジネスを営むのに使われてきたものでもある。従業員が財務諸表を使いこなせるようになれば、経営はいたって単純になる。

知識がないから何も理解できず、正しい行動のとりようもない。会社が傾けば、従業員はそれをわれわれ管理職のせいにする。そして、こう言う。

「結局、社員をずっとだましていたんですか。あんなに、われわれの仕事ぶりをほめていたのに、いきなり経営状態が危ないと言い始める。そんな話、信じられません。納得できない。いったい金はどこに消えたんです?」

われわれがゲームを導入した理由

理由1　雇用契約を守るため。

つくづく、人を雇うことの責任はとても大きいと感じる。雇われた者には、養わねばならない家族がいる。この責任を軽く考えてはならない。もちろん、従業員の側にも会社にたいする義務がある。雇用は双方向的なものだ。だが、会社を辞めるか辞めないかは、できるかぎり従業員本人の意見を尊重したいと思う。非のない者が解雇されるのを見るのは、本当に忍びない。こうした事態を防ぐために、われわれは雇用契約を結ぶ。雇用の安定を最優先するという共通理解が、わが社のすべての基盤になっている。一年や五年でなく、五〇年以上勤務できる場所を作りたい。会社の繁栄は、お互いの協力から生まれるものなのだ。

まず何より、以上のような理由からわれわれはグレートゲーム・オブ・ビジネスを導入した。自分たちのためにも、従業員のためにも、雇用の安定を保つために。インターナショナル・ハーヴェスター社の危機から学んだことのひとつは、無知では身を守れないということだった。自分の身が安全かどうかを知るには、財務諸表が唯一の手がかりとなる。ハーヴェスター社が従業員の首を切らねばならないほどの危機に瀕するとは、誰も想像できなかった。一〇〇年の歴史を持ち、全米の上位三〇社に名を連ね、一〇万人以上の従業員を擁する会社である。父はここで定年まで働いたし、わたしの勤続年数もすでに一四年を数えていた。わたしはすっかり安心しきっていた。貸借対照表の読みかたを教えられていないから、会社の経営が危ないということを知る手段もなかった。結局、ハーヴェスター社の経営は破綻した。

SRCを立ち上げるわれわれは、そのような幻想とは無縁だった。苦しい運営を迫られるのは、はなからわかっている。まず工場の買い取りに九〇〇〇万ドル必要だった。親や親戚、友人を頼ったり、自分たちの貯金をはたいたりして、どうにか集まった額は一〇万ドル。残りは借金をした。所持金一〇〇〇ドルで、九万ドルの家を購入したようなものだ。事実上、われわれに会社の所有権はなかった――持ち主は銀行であり、一回でも返済が滞れば、そこで出資は打ち切られる。ビジネス用語で言うなら、負債資本比率八九対一。ちょうどポーランド政府と同じ比率だ。ＳＲＣは実体的には倒産寸前の状況だった。一万ドルの損失さえ命取りとなりかねない。

このような状況では、ぜったいに避けなくてはならないことがふたつあった。ひとつは、現金切れ。現金がなくなったら債権者から見捨てられる。もうひとつは、労働意欲の低下を招く内部崩壊。どちらが起きても会社は潰れ、一一九名の働き口が失われる。われわれが生き残る唯一の方法は、会社の苦しい財務状況を全従業員に包み隠さず打ち明けることだった。どこにどれくらいの金があるかを公開して、従業員でその金の使い道を考えるというやりかたを確立しなくてはならなかった。これがゲームの始まりである。

まず損益計算書を公表し、各自の働きがそれにどう影響しているかを教えることで、雇用の安定を保つ責任を事実上システムの中に溶け込ませた。ゲームによって、自分の雇用がどれほど安全なのかがわかるだけでなく、それをより安心なものにするためにはどうすればいいかについてもわかる。身の安全を保障するものではないが、そもそも、今の時代に保障などどこにもない。いいや、昔からどこにもなかったのだ。

理由2 「仕事のための仕事」をしないため。

「社員は、ただ言われた仕事だけをやっていればいい。余計なことは考えるな」――よく耳にする言葉である。だがわたしは、社員に「ただ言われた仕事だけ」をしてほしくない。目的を持って働いてほしいのだ。毎朝、元気よくベッドを出て、積極的な気持ちで出勤してほしい。そのためには、いかにうまく社員をそのかして、会社に来たいと思わせられるかがカギとなる。「そそのかして」と言ったのは、普通の人間なら会社に来たがるはずがないからだ。好き好んで働く人など――わたしも含めて――めったにいない。みな生活のため、しかたなく働いている。

そして、会社はさらにその気持ちを強める。会社は頭ごなしに社員に指図することで、労働というものを単に言われたことをこなすだけの苦行に変えてしまう。「とにかく多くの穴をあけるんだ。できるだけ速くやれ。余計なことは考えるな」という具合だ。ほかにもっとよい経営方法がいくらでもあるはずなのに。結局は社員も、ただ与えられた仕事をこなせばいいと考えるようになる。わたしに言わせれば、彼らは生ける屍《しかばね》である。

わが社は生ける屍などいらない。生気のない人間に囲まれて働くなど、まっぴらだ。そういう人間は、見た目も健康でなければ、やることも健全ではない。アメリカ経済の大きなお荷物になっている。わたしが言っているのは、仕事だからという理由でいやいや出勤してくる人間のことだ。彼らは「ここに来るのはわたしの義務かもしれないが、仕事を好きにならなくちゃいけない筋合いはない。家族のために働いているのであって、自分のためにここに来ているのではない」という態度をとる。いったいなぜ、こんな風潮が生まれてしまったのか？　そういう社員にはこう言い渡すべきだろう。「幸せは自分の手でつかむものです。よそで幸せになれるところを探してください。わたしの周りでしょぼくれた顔をされるのは迷惑です」

生産性が上がらない原因は何か？　社員に生気がなければ、生産性など高まるはずがない。いらいらを抱える従業員、仕事に不満を感じる従業員、そういう人間が会社をだめにする。

とはいっても、彼らばかりを責められない。年がら年じゅう、あれをしろ、これをしろの一辺倒である会社側にも問題がある。会社側が仕事を、単に言われたとおりにするだけのものと考えていたら、従業員のあいだにそれ以上の考えは生まれない。しかし会社側が仕事を〝何かへ至るためのステップ〟と考えるとしたら、仕事に新しい意味が備わるだろう。そうすれば、仕事は単なる仕事ではなくなる。

そのためには、従業員に夢を与えなければいけない。そして、その夢がけっしてかなわぬものではなくて、強く望み、努力しさえすれば実現可能であることを示す必要がある。ビジネスとは、最も大切な夢をかなえてくれる道具だ。そう、経済的な夢をかなえてくれるのである。もちろん、ビジネスだけではどうにもならない夢もある。健康でありたいとか、芸術的な才能を開花させたいといった願望がそれだ。

だが、たいていの人にとっては、人生の成功をつかむうえでビジネスが助けとなるし、希望をもたらしてもくれる。ゲームのしくみさえ理解すれば、あとは好きなだけ進むことができる。ただ、どの方向へどれくらい進むかは、自分で決めねばならない。そこのところでなかなか進み出せずに、自分で限界を設けてしまう人は多い。われわれはつねに社員を鼓舞して、進みたい方向や人生の目的を思い描かせている。そうすることで、さまざまな可能性が開かれる。社員の抱える不満もだいぶ解消される。また、言い訳が出なくなることもとても大きい。

とはいえ、いやな仕事がなくなるわけではない。例えば当社には部品を化学洗浄するという作業がある。誰かが一日中、洗浄タンクのそばに控えていなければならない。飛沫《ひまつ》を浴びないよう、気温が三〇度を超える日でもレインコートにレインパンツを着てのつらい作業だ。この仕事は誰もやりたがらなかったので、日本のやりかたを見習って、あるとき廃止した。「人間のしたがらない仕事はロボットやコンピュータに任せてしまおう」というわけだ。だが、それでどうなるか？　いちばんいやな仕事をなくせても、ほかにもまだ、座金《ざがね》をボルトに取り付けるような単調な作業がたくさんある。そういった仕事から逃れることはできない。退屈でも、やらなくてはならないのだ。

ゲームが目指すのは、誰もが楽しんで働ける環境づくりだ。例えば、座金をボルトに取り付ける作業の場合、そのことにかかりっきりになる必要はない。そこでわれわれは、従業員がつまらない仕事に埋没しないよう、頭を使って何かを成し遂げるきっかけを与える。結果として会社側は、従業員に単純作業をさせつつ、彼らからちょっとした知恵も引き出せる。従業員の頭脳を活性化させるわけだ。その従業員は、座金をボルトに取り付ける作業をする一方で、頭の中では、職場環境を改善するにはどうすればいいか、昇進するためにはどうすればいいか、よりよく生きるためにはどうすればいいかなどと考えている。もはや製造の一工程に携わっているだけではない。自分の人生に携わっているのであり、人生をいい方向に進めるための有意義な時間を過ごしていることになるのだ。

理由3　雇われ人意識を取り除くため。

ゲーム導入による大きな効果は、個々人の能力が高まり、組織の柔軟性が向上する点にある。われわれは、市場の変化にすばやく対応できる。特殊な注文にも応じられる。問題処理もきわめて速い。

こういったことが可能になるのは、わが社にはオーナーのように考え、オーナーのように行動できる者が大勢いるからだ。この差は大きい。オーナーシップを持った社員を育てるのと、ただ株式を与えるのとでは大きな違いが生じる。多くの企業は、社員持ち株制度を導入しただけで、彼らの態度に劇的な変化が現われるだろうと期待する。そして結局、社員の雇われ人意識が変わらないことにがっかりするのだ。指示されなければ行動しない。率先して動いたり責任をとったりしない。言い訳をする。自分の失敗を他人のせいにして、面倒なことは他人に押しつける。

オーナーシップとは、これと正反対のものだ。真のオーナーなら、指示を受けなくても自分ですべきことを判断できる。判断に必要なあらゆる知識、理解力、情報を持っており、やる気とみずから行動する強い意志を備えている。オーナーシップは法的な権利ではなく、ひとつの心構えだ。株券のように簡単に授けられはしない。教育を通じて身につけさせる必要がある。

そしてその教育に終わりはない。ビジネスは絶えず変化するからだ――市場も、テクノロジーも、顧客も、企業のニーズも変わっていく。当然、オーナーシップに求められるものも変わる。変化についていくためには、つねに学ぶ姿勢を失ってはならない。うまくできているもので、学ぶにつれて人間は成長し、人生は実り豊かになり、楽しみはふえる。

ゲームの基礎は、あらゆる形で従業員に学ぶ機会を提供するという考え方にある。さまざまな状況を従業員に知ってもらう。彼らが自分で判断できるよう、いかなるときも両面を見せる。判断を誤って失敗しても、その失敗から学んで再度挑戦すればいい。そのときに重要になるのが数字だ。数字こそがわれわれを結びつける絆であり、信用の基盤なのだ。経営数字を公開すれば、こう言える。

「信じられないのなら、この数字を見てくれ。わたしの話が嘘でないことがわかるだろう。これが現在の状況だ。たいへんかもしれないが、人生はいつもそういうものだ。隠し事はない。すべて数字で示している」

理由4　富を創出して、分配するため。

アメリカ経済について懸念されるのは、このところの人員削減の傾向だ。人を減らして機械を導入する企業がじつに多い。そういった企業は、生産性が人間に依存していることを見逃しているのだ。

たしかに機械化が競争力アップにつながることは、わたしも認める。機械は間接費を下げてくれるし、休憩も取らない。慰安旅行にも出かけない。椅子に座ってだらだら時間をつぶしたりもしない。しかし機械には、どうすれば利益をあげられるかの判断はできない。それは人間のみが持つ能力だ。収益のあげかたを心得た従業員がそろっていれば、他社に負けることはないだろう。

だが、そこまで従業員を高めるには、教育が必要となる。なぜ収益をあげることと、資産を作ることが重要なのかを教えなければならない。そして、従業員がこのふたつの基本事項に絶えず注意するように促す。これ以外に生産性を向上させる方法があると教えたとしたら、それは嘘をついていることになるだろう。この点は、いい加減にはできない。生活水準をアップできるかどうかは、ひとえに生産性の向上にかかっているからだ。生産性を上げずに生産量をふやせば、インフレに陥る。遅かれ早かれ、その跳ね返りがくるだろう。

生産性を向上できればその成果は社会に還元され、もっと互いに助け合う社会が生まれるはずだ。しかし現実には、社会は持てる者と持たざる者とに分かれている。金持ちたちがゲームのこつをつかみ好成績を収める一方で、社会全体の生活水準は下降している。このままでは、生活水準は下がり続けるしかない。どうにかならないのか？　問題の一端は、富を創出しないかぎり生活水準の向上はありえないのに、誰もが、富を創出した者――石油王であろうと、医者や起業家であろうと――を嫌うという点にある。これは大きな誤りだ。憎むべきは、富の創出ではない。富の分配にこそ欠陥がある。富の分配にあずかる方法を知らないことが、本当の問題なのだ。

わたしは、この国や世界の富の分配は公平に行なわれていないと感じている。リー・アイアコッカのように、自分は四五〇万ドルもの収入を得ていながら、何千人もの従業員を解雇するなど、横暴もいいところだ。そして、彼よりひどい経営者はほかにもたくさんいる。ただ、そういった人物たちから数百万ドルを取りあげてみたところで、問題は解決しないだろう。焼け石に水でしかない。

根本的な解決を図るには、従業員の関心を利益のあげかたに向かわせて、利益がどこから入ってどこへ出ていくのかを理解させることが必要となる。誰かが従業員に、富とは何かについて教えなくてはならない。社内留保利益、株式、株価収益率、そしてそれらが各従業員にとってどのような意味を持ち、どのような影響をもたらしうるのかを教えるべきなのだ。そうしないと、われわれの生活水準は上がらないだろう。永遠に無知で、不活発で、仕事は仕事であって仕事でしかないという考えを脱せないまま、下降の一途を辿るのだ。

まずは従業員の関心を、それぞれの受け持つ機械以外のことに向けなくてはならない。機械を動かすだけがビジネスではないからだ。健康保険のような差し迫った社会問題にも、ビジネスは関わりを持っている。わたしの知るかぎり、現場の従業員や入社したての者までもが諸手当を気にし始めたのは、最近になってのことだ。これまで健康保険はあたりまえのものとされて、あまり関心を払われなかった。だが現在では、この問題は無視できない。間接費とも、隠れた費用とも呼ばれるが、社員の目に触れにくいところで健康保険にはとんでもないコストがかかっているのだ。従業員の目をそういったコストに向けさせることが必要である。ただし、従業員の関心を座金やボルトだけでなく健康保険にも向けさせるためには、なんらかの工夫をして、従業員が健康保険についてじゅうぶん理解できるようにしなければならない。

その工夫のひとつがこのゲームだ。われわれはゲームを通じて、社員に自分の面倒を見るための知識を与えるとともに、会社の利益を、それを生み出した者たちに還元している。

言い訳をしない

まずい事態に陥ると、人は決まって言い訳をする。会社や同僚など周りのせいばかりにして、自分自身を省《かえり》みない。効率のよい経営をするには、この言い訳を社内から一掃しなければばならない。持ち場の責任を他人に押しつけることができないよう、環境を整える必要がある――会社に貢献しているという手ごたえが感じられる環境、責任の所在がはっきりした環境にするのだ。今日のビジネスにおける深刻な問題のひとつは、貢献の手ごたえを感じにくい点にある。会社の規模が大きくなるほど、その傾向が強い。従業員に貢献を求めない、従業員の貢献の大きさを称《たた》えない、従業員が貢献できるような環境を作らないといったことが、その原因となっている。

〝仕事は後でするから先に金をくれ〞的な精神

人は物を欲しがる。高いボーナスや各種の手当を要求してくる。これに対してわたしは、「どうぞ差し上げましょう。ただしその財源を作ってもらえますか?」と答える。多くの場合、彼らはどうすれば財源を作れるかを知らず、その方法を学ぶために時間を割こうともしない。先に物を受け取って、あとでその支払いに苦慮するタイプだ。こういう考えかたが、会社をだめにする。〝仕事は後でするから先に金をくれ〞で潰れた会社は多い。最高経営責任者から現場の人間まで、あらゆる層にこういう考えかたが見られる。われわれは、これと反対の取り組みかたをしなければならない。先に報酬に見合った働きをするということだ。

現に、そのような働きにたいしてなら誰だって喜んで報酬を払う。

ゲームでは、報酬に見合った働きをすることの重要さを数字で示しているが、それでも〝仕事は後でするから先に金をくれ〟的な考えかたとぶつかることがある。これは、労働力の質を著しく低下させかねない考えかただ。「われわれは、あなたの望むものを与えました。その結果、あなたを解雇しなければならなくなりました」などとわたしは言いたくない。手当や報奨金を先に与えたら、ゲームはつねに後追いの形になる。そこで経営が悪化すれば、その与えてしまったものの帳尻合わせをなんらかの方法でしなければならない。得てして、それには人的犠牲が払われる。

2 社員管理の神話

グレートゲーム・オブ・ビジネスは、どこでも使えるものなのかどうか、疑問に思う人もいるかもしれない。例えば、巨大複合企業の一部門や強力な組合のある工場、従業員に自社株を与えたり気のきいたボーナス制度を実施したりしていない企業には、導入できるのだろうか。実は、まさにそのような場所、イリノイ州メルローズパークにあるインターナショナル・ハーヴェスター社の小さな工場で、このゲームのアイデアは生まれたのだ。わたしが経営に関する知識のほとんどを得たのがこの工場なら、リーダーシップに関するあらゆる誤った考えを知ったのも、この工場だった。

わたしが働いていた一九七〇年代のメルローズパークの工場は、とんでもない職場だった。人種抗争、殺しの脅迫、わら人形、爆弾、発砲、襲撃など、それこそ何でもありの状態だった。工員と管理職との諍《いさか》いは絶えず、少ないときで年に二、三回ストライキが行なわれた。ひどいときになると、ひと月で二、三回発生する。何かあるたびに、労働問題で工場が閉鎖されるという噂が立った。実際うちの工場には、よそであぶれた労働者が数多く流れ込んできていた。そう、かくいうわたしもそのひとりだった。

わたしがその工場の調達部門にメールボーイの職を得たのは、同社で現場の班長を務める父が口をきいてくれたおかげだった。当時、わたしは一九歳。大学もカトリックの神学校も校則違反で退学を食らっていた。ゼネラルモーターズでは勤務中にポーカーをして解雇され、軍の身体検査では、昔の事故――ある男に板ガラスめがけて投げ飛ばされた――がもとで不合格になっていた。教会にも、学問の世界にも、軍隊にも、ゼネラルモーターズにも拒否されたわたしにとって、メルローズパークは最後のチャンスだった。

いまだに理由を説明できないのだが、なぜかメルローズパークはわたしにぴったり合っていた。一〇年間で一〇もの違う仕事を任されて、管理職に必要な経験をじゅうぶん積むことができた。周囲がわたしに与えた役どころは、〝腕に覚えあり、どこへでも即参上〟だ。問題が起こると決まってわたしが呼ばれて、解決策を練らされた。不思議にも、その問題の発生源にわたし自身一枚噛んでいたと判明することが少なくなかった。前の部門での仕事が、思いもよらない形で次の部門の仕事に影響を与えていて、結局自分が原因の一端を担《にな》っている問題を、自分で解決しなければならなかったのだ。

しかし、問題解決の術《すべ》には通じることができた。たいていは、いわゆる有能な管理職になるための心得をことごとく無視することで、うまく解決できた。実際、管理の現場にはびこっている神話の数々はどれも、工場や会社を、当時のメルローズパークくらいだめにするものばかりだ。それらの神話に従わないことにこそ、社員管理の秘策がある。ましてグレートゲーム・オブ・ビジネスを従業員に浸透させるためには、けっして神話に惑わされてはならない。

神話1　本当のことを話すな。話せば自分が損をする。

一九七〇年代にはメルローズパークだけでなく、どこの会社にも、正直なことを言う人間はほとんどいなかった。〝保身に努めろ〟が当時の風潮だったのだ。例えば部品の調達係なら、いつまでにどれくらいの部品を必要とするかについて、ぜったい納入業者に本当の数字を示さなかった。ベテランの計画担当者が言うには、そんなことをしたら毎回穴があいてしまうからだ。「嘘を言うんだ、嘘を。数週間分の部品があるときは、金曜までになくなってしまうと業者に言え」と、わたしも指導された。あたりまえだが、やがて誰もお互いの言葉を信じなくなった。嘘ばかりを言い合って保身に努めていたのだから。

幸い、わたしは保身に努める必要がなかった。養う家族を持たず、いたって気楽な身分だったせいだ。だから納入業者に工場の状況を訊かれれば、ありのままを答えた。蓄えの部品の数を正確に伝えた。このままの蓄えだと、あとどれくらいで生産ラインが滞るかについて、正確な数字を教えた。わかったのは、正直に言えば、向こうもこちらを信頼してくれるということだ。注文のやりくりに頭を悩ます納入業者にとって、信頼できる数字は喉から手が出るほど欲しいものだった。その結果、彼らはわたしを大切にしてくれた。情報源であるわたしを、彼らはけっして裏切らなかった。

現場の従業員の管理を任されたときも、事情はまったく同じだった。計画担当者の言うことを信用する従業員はひとりもいなかった。なぜなら、ここでも誰もが保身に努めていたからだ。例えば、一日にモデルXとモデルYのエンジンをそれぞれ五〇台ずつ製造すると決められているとする。だが、モデルXを作る部品が不足している。こういうとき、生産ラインの従業員はモデルYを二日分作ろうとする。そうやって、とにかくラインが稼動しているかぎり、彼らは責められずにすむからだ。しかし全体としてみれば、その行為はとんでもない混乱を招く。生産ラインで何をいつまでに必要としているのか、これでは周りは知りようがない。そこで、わたしは生産ラインの従業員にこう告げた。「これからは計画どおりに作業を進めようと思う。計画も今までとは逆に、作業ラインからの逆算で作成する。必要な部品がないときは、ありあわせの部品でごまかしたりせず、ラインを停止する」

みなに、「そんな無茶な。生産ラインは絶対ですよ。停止なんてできません」と呆《あき》れられたが、わたしは「そうかな？　ま、見てな」と答えた。結局、ラインを止めないといけなかったのは一回だけだった。以降、従業員たちは急に協力的になり始めた。嘘のない計画にするためにラインを止めるというのが本気だとわかると、従業員たちは期日までにきっちり製品を完成させようと決心したのである。わたしのほうでは、必要なものが行きわたるよう気をつけた。ある部門で問題が発生すれば、ほかの部門から応援をまわした。思ったとおり、生産力はアップした。当初一日当たりの生産量はエンジン一〇〇台だったが、一年後、わたしがこの部門を離れるときには、一日に三〇〇台を製造していた。

> われわれは信頼を築いた。本当のことを述べ合ってはじめて信頼関係は築かれる。従業員が管理職を信頼していなければ、そして従業員同士が信頼し合っていなければ、会社の運営はうまくいくはずがない。嘘や不誠実がビジネスをだめにするという大切な教訓を、わたしはこのときに学んだ。

神話2　お人よしは成功できない。

いやな奴にならなければビジネスの世界では成功できない、とよく言われる。他人を陥れてでも目的を果たせ。厳しい世界なのだから権力を振りまわしてもいいし、人を脅迫したっていい。しかし、そんなことはでたらめだ。現場に勤めていたわたしにはよくわかる。ベンツを乗りまわして部下を人とも思わないような上司が何を言っても、従業員はついてこない。自分の実績を鼻にかけるとき、脅迫的な手段に訴えるとき、部下を手ひどく扱うとき、管理職は力を失う。わたしは今までに何度もそのような人物を目にしてきた。そういう人間は遅かれ早かれ、必ず報いを受けることとなる。

★三番めの高次の法則
自分の行為は自分に跳ね返ってくる。

自分のために他人を利用する者や、人として恥ずかしい振る舞いをするような管理職は、遠からずその地位を追われることになるだろう。彼らはゲームを理解せず、みずからゲームを放棄している。ビジネスについて何もわかっていない者たちなのだ。

だが、そのような馬鹿げた考えを助長する人間があとを絶たないので、いっこうに前述のような神話がなくならない。社員の多くが管理職になりたがらない理由のひとつは、ここにあると思う。これは大きな問題だ。ビジネスの世界は、できるだけ多くの管理職を必要としているのに、これでは有能な管理職が育たない。生産ラインの現場から管理職に昇進するには、不安がともなう。とりわけ従業員から嫌われるということが恐ろしい。友人を失いたくなくて、昇進をこばむ者も少なくない。深刻なアイデンティティの喪失に見舞われるかもしれない。いったん管理職になったら、管理職としかつきあえなくなるのではという心配もある。

わたしも管理職になったばかりの頃には同様の不安を抱いていたが、わたしの場合それは、よそよそしくなった同僚にたいする怒りという形で表わされた。わたしが悪いのではない。こちらは何も変わっていない。変わったのは同僚のほうだ。彼らは、「おまえはもう上司だから、いっしょにいられない」という態度をとった。いいかげん耐えきれなくなったときに、わたしは彼らに問いただした。「どうしたんだ？　肩書きがついたからって、おれの心まで変わったと思うのか？」わたしはその問題を乗り越え、同僚にも乗り越えさせた。簡単なことではなかったが。

実際、現場から管理職への昇進には、苦難がつきものだ。ここにも神話があって、管理職の給料は現場の従業員より割がいいと思われている。管理職になったときに給料がふえるのには、正当な理由がある。まず責任の重さがそれまでとは違う。自由もある程度諦めざるをえない。つねに監視にさらされる。現場にいたときとは違った意味で、すべての言動がチェックされる。模範を示さなくてはならない。言行一致を求められる。さもなくば、たちまち管理職失格となる。いやな奴になったところで何の役にも立たない。だから、権力を振りまわして目的を果たせなどというでまかせに、わたしは腹が立ってならない。それらは間違っているばかりか、経済を破滅に導く悪の神話だからだ。

神話3　管理職の仕事は、答えを考え出すことである。

管理職、とりわけ新任の管理職に共通しているのは、自分の部署で何か問題が起こった場合、自分ひとりで解決策を見出さなくてはならないと考えている点だ。そういった考えかたが、さらなるトラブルを招く。ひとつは、すべての問題をひとりで解決できるはずなどないから、必ず行き詰まってしまうこと。もうひとつは、すべての問題を解決できる人間などいるはずがないことは誰でも知っているから、ひとりで解決しようとする者は、信頼を失ってしまうことだ。また、周囲から孤立するという危険性もある。

どの地位の管理職にとっても躓《つまず》きの石となるのは、管理職たるもの完璧であらねばならないという思い込みだ。ある職長は、答えられない質問が飛び出すのを恐れて会議を招集できないと言う。ある最高経営責任者は、ネクタイと髪型を整えてからでないと自室を出られないと言う。そして結局、自分の仕事を嫌うようになる。イメージをくずしてはいけない、尊敬されねばならない、その地位を立派に務めねばならないという意識が強すぎるのだ。

そもそも、彼らは管理職として大きな誤りを犯している。従業員とのあいだに信頼関係を築くという、優れた管理職なら忘れてはならないことを忘れているからだ。信頼を得るためには、自分は人間であること、神ではないこと、何でも解決できるわけではないこと、間違いもあることを従業員に見せなくてはならない。完璧であろうとしたり、いつもひとりで問題を解決しようとすれば、間違ったメッセージが伝わってしまう。それよりも、問題を共有して部下とともに解決策を考えるほうがずっといい結果を得られるのだ。

これも、わたしがメルローズパークで学んだ教訓のひとつだった。あるとき、トラック運転手たちがストライキを起こして幹線道路を封鎖し、「通行しようとするトラックは狙撃する」と通告してきた。このため、インディアナ州ゲーリーにあるUSスチール社の工場から鉄鋼資材を取りよせることができない。トラクターを作るには鉄鋼が必要だ。鉄鋼が手に入らなければ、従業員を家に帰すしかない。当然従業員は賃金をもらえず、家族を養えなくなる。わたしは資材調達の責任者だったが、狙撃される危険をどのように回避すればいいのか考えあぐねていた。

そこで部下五人を集めて、困っている旨を伝えた。どうすれば二トンの鉄鋼資材を、インディアナからイリノイまで、頭を吹き飛ばされずに運べるだろうか？　ひとりが口を開いた。「スクールバスですね。スクールバスなら撃たれないんじゃないですか？」すると、べつの社員が「運転手が誰かによるだろうな」と答える。さらにべつの社員が「尼さんが運転するバスならだいじょうぶでしょう」と言う。

われわれはそのとおりに実行した。スクールバスを借りて社員に尼僧の格好をさせ、鉄鋼所に送って、棒状の鉄鋼資材をバスでメルローズパークまで持ち帰らせたのだ。ラインを止めないために、われわれはいつもそのような突拍子もないことをしていた。聞いたこともないような大胆な方法を試みては、たいてい成功していた。解決策を考えたのはわたしではない。全員で考え出したのだ。

　これが、問題を共有するということの意味だ。ともに学ぶということ。互いに教え合うということ。互いに教え合えば、ひとりのときよりもはるかに効率よく学ぶことができる。

　実際、わたしは数え切れないほどたくさんのことを学んだ。問題を共有するほかにも、マイナス面を念頭において運営にあたることや、不測の事態に出くわしたり落とし穴に落ちたりすることの大切さを教えられた。失敗は過程のひとつだからだ。何度かの失敗を経ずして成功にたどり着くことはできない。ただし、失敗にたいする備えがなければ、不意打ちを食らって木っ端微塵《みじん》にくだけてしまう。計画どおりにいかない可能性を考慮して第二、第三の戦略を立てておく必要がある。

　この場合、緊急対策を前もって考えておく習慣をつけることが大切だ。わたしはこの習慣を、昇進するにつれいっそうむずかしい問題に直面するなかで身につけていった。部下に自分の知っている情報をすべて教えるのはもちろん、ともに対策を練った。予期せぬ事態が起きたときのために対策を用意しておけば、よりよい対応ができることもわかった。対策といっても、単に問題を打ち明ける人間を招集するだけのときもある。しかし、それがあるだけで、少なくとも取り乱したり立ち尽くしたりせず、すぐに行動を起こすことができる。

　従業員たちの生活を預かるわれわれにとって、すぐに対策をとれるかどうかは差し迫った問題だった。人の面倒を見る責任を負うならば、その責任を全うするためにあらゆる手段を尽くさなくてはならない。

★四番めの高次の法則
やるべきことをやる。

そのほかは、すべて捨てること。やるべきことだけに全精力を傾けるのだ。どうやって従業員のやる気を引き出せるか、どのように押したり引いたり、あるいは強く言ったりすればいいのかを考えて必要なことをすべて実行する。従業員の生活がかかっているのだから、どうしてもその壁を乗り越えなくてはならない。

その際、自分で答えを見つけだすのではなく、従業員のあいだから解決策が出てくるよう、創造的な環境を作ることで問題の解決をはかることが肝心だ。従業員から創造力を引き出すのはけっしてむずかしくない。わたしたちの場合、まわりから無理だと思われていることに挑戦するスリルが原動力となった。世間には、すぐに諦めてしまう人があまりに多い。完走もしないでレースをなげている。そんな人生をずっと送ってきたせいで、人生を退屈だと感じている。わたしが気づいたのは、管理職にはそういう場所から従業員を救いだすことができるということだった。

神話4　急いで昇進させるのは大きな間違いである。

一般に、じゅうぶん実績を積んでいない者は昇進させるべきでないと考えられているが、わたしはつねにできるだけ早く社員を昇進させた。ときに社外にキャリアアップの道を探してやることもあった。理由はチャンスを与えたかったから。仕事に飽きてやる気を失ってほしくなかった。一方で、管理職をふやせば、それだけ自分の仕事が楽になるという密かな思惑もあったが。

視野の狭さは、今日のビジネスにおける大きな問題だ。所属部門の外へはいっさい出ないため、どんな問題もひとつの観点からしか見ることができない。他部門のニーズを察知できない。壁は高くなるばかり。コミュニケーションは断絶。これがあらゆる困難のもとになっている。わたしはこの障害をとりのぞくため、部下にほかの部門の仕事もさせた。つまり、二種類以上の仕事を学ぶしくみを設けたのだ。ほどなく従業員たちは多面的に仕事を眺められるようになり、部門間に交流が生まれた。結果、わが部門の業績は順調に上がった。われわれが築いた独自の支援システムには、かつて同じ部門にいた者が登録されており、いつでも必要なときに応援に来てもらえるようになっている。

こうして昇進を促進したぶん、社員の補充も急がなくてはならなかったので、選抜や面接にじっくり時間をかける余裕はなかった。そこで編み出したのが、学生時代にチームリーダーを務めていた人物に的を絞るという独自の採用方法だった。チームリーダーになるには仲間から認められなくてはならない。ならばそれだけのものを持っているはずだ。ぎりぎりまで追い詰められていたわれわれには、そのような即戦力の人材が必要だった。

神話5　全体のことは気にせず、自分の仕事に専念すればいい。

アメリカの大半の企業と同じで、インターナショナル・ハーヴェスター社でも、各社員はもっぱら割り当てられた仕事に専念することになっていた。そのため社員には、それぞれの仕事に必要な情報だけしか知らされない。それ以外の情報はいわば〝企業秘密〟だった。どういうわけか、一般にはこれが正しいと認められている――というより、唯一正しい経営方法とされている。これぞ最大の神話だ。

なんらかの成果を期待するならば、従業員の目的意識を低く抑えるのではなく、高めなければいけない。見せる絵が大きくなればなるほど、従業員は障害物を上手に避けられる。従業員に必要なのは大きな目標なのだ。大きな目標を持っていれば、瑣末な問題にこだわらないですむ。逆に、日々の個別の問題にしか目を向けさせず、従業員の興味を活かそうとしなかったら、些細な問題が山のように立ちはだかるだろう。要するに、会社の全体像を提示するのが肝心である。すべての事実を共有するということ。やりがいのある課題を与えて、ゲームのおもしろさや勝利の味を教えるということ。ユーモアや笑い、好奇心を刺激して、従業員のやる気を引き出すということ。小言を言ったり怒鳴り散らしたりするよりよっぽど効果がある。

わたしはこれらすべてを、初めて管理職になったときに学んだ。

わたしが任されたのは部品調達部門だった。毎週の幹部会に出席して、少しずつ会社の秘密がわかりはじめた頃だが、われわれはロシアとのあいだにトラクターを納入する大きな契約を交わしていた。その契約にある大きな問題が存在することは秘密事項だった。ロシア側から、一〇月三一日の期限を過ぎたら、毎日違約金を課すという罰則条項を突きつけられていたのだ。

一〇月一日の時点で契約台数に八〇〇台足りなかった。期日までに八〇〇台分の部品を調達するなど到底できそうになかった。すると、ほかの管理職にこう言われた。

「これはここだけの話にしよう。ことがことだけに、下手をしたら首を飛ばされかねん。きみは黙って部品調達に専念してくれればいい。トラクターを組み立てるほうはわれわれがどうにかする」

まったく納得がいかなかった。ひとつには、トラクターを出荷して初めて本来の目的が達せられるのに、なぜ部品調達に専念しなければいけないのか理解できなかったのだ。また、何のためにに「ここだけの話」にするのか、皆目わからなかった。そこでわたしは、自分のオフィスの外に「目標＝トラクター八〇〇台！」と大書した紙を貼りだして、部下に事情をすべて打ち明けた。誰もが「こいつ、おかしくなったんじゃないのか」と考えただろう。通常の生産台数は一日五、六台、残された日数はわずか二〇営業日。七〇〇台ほど不足するペースだ。目標に達するためには、一日四〇台を生産する必要があった。初日に生産できたのは七台、二日目は三台だった。みな、やっぱり無理だというように首を振った。

だが、問題をくわしく検討してみると、毎日の生産台数を上げる方法が見えてきた。例えば一部の部品が生産ラインにまわされずに、倉庫に眠っていることが判明した。ただ部品を調達して工場に供給するだけではじゅうぶんでないことが、これでわかった。責任を持って生産ラインまで届けなくてはならない。二、三の部品が足りないだけのトラクターが少なくないこともわかった。その部品を重点的に調達すれば、劇的に生産台数を伸ばすことができる。

大きな問題も細かく分けることで解決しやすくなる、これは定石だ。だが、同時にわれわれはつねに全体像をみなに提示していた。それが功を奏したのである。

突然、生産台数は一日五五台にふえ、従業員の目の色が変わった。見違えるようだった。われわれの工場では部門間の交流がなく、よその管轄区に入るには通行証も必要だったが、計画担当、生産管理、組み立て、品質検査、出荷などあらゆる職種に従事する人間が同じ工場にいた。そういう者たちが就業時間後、工場にもぐりこんではトラクターを調べて、どの部品がどれくらい足りないのかを確認したのだ。そして職長や時間給従業員と相談して、可能なかぎり効率のいい計画を作る。われわれはその計画を滞らせないよう部品調達に当たった。

生産台数は上昇を続けた。三〇〇台に達すると、みなの注目が集まった。どの部品がどれだけ必要なのか、仕入れ先はどこか、部品調達の遅れが出荷にどう響くか、すべてが一目でわかるようなチャートを作った。こうすることによって従業員は全体像を見ることができた。すべての状況を把握しているので、問題が起きればただちに気づき、あとはひとつひとつ対処していけばよかった。やがて目標達成を信じる気持ちが従業員のあいだに芽生え、周りが無理だと言っても自分たちにはできるという信念が生まれた。それは何ものにも勝る力だ。個人主義は消えて、チームワークがそれに代わる。誰も身勝手な真似をしない。

一〇月の最終週に入ると緊張感が高まった。重役も現場のようすをうかがいに来た。残りは五日。わたしは掲示板に出荷済みの数字、六六二台と書いた。職場がいっそう熱を帯びる。達成できるだろうか？　わずかに及ばないだろうか？　この時点になると、傍観する者はひとりもいなかった。すさまじい勢いで組み立てが進む。従業員は最新の数字を知りたがった。一〇月三一日の期限いっぱいまで力を尽くした。ハロウィンの日、わたしのオフィスの外には八〇八台出荷の文字が掲げられた。

喜びは爆発せんばかりだった。掲げた数字を風船で飾って、パーティを開き、ピザを全員にふるまった。ロシア人の違約条項を跳ねのけられたことは夢のようだった。すばらしいのひと言に尽きた。

この経験で学んだことは大きかった。従業員たちの内にすごいガッツが隠されていることを知るとともに、到底不可能に見えた目標が達成されるようすを目の当たりにしたのだ。充実した日々を送る従業員の姿を見た。彼らにはもはや、仕事をさせられているという感覚はなかった。この経験を通じてわたしは、従業員の士気を高めて毎日仕事に来たいと思うようにさせられたら、計り知れない力が生まれるとわかったのである。それはまだどこでも実践されていない。掲げられる数字次第では、従業員は朝起きてこう思うだろう。「気分はよくないが、早く会社に行って、どうなっているか見てみたい」これこそ、生産性を上げる究極の方法である。

学んだのはそれだけではない。この経験を通じて、秘密主義には百害あって一利なしと確信できた。以降、自分の知っている情報はすべて部下と共有することに決めた。これがやがて利益のあげかたを従業員に教えるという考えにつながっていく。

★五番めの高次の法則
やりたいと思わなくてはならない。

この法則に照らしてみると、これまでの神話にひとつの共通点があることがわかる。そう、どれも大嘘だということだ。いずれの神話も、従業員に無理やり仕事をさせれば効果的な運営が図れるという考えに基づいている。

これは正しい考えではない。本人にやる気が生まれてこそ、仕事は苦でなくなる。やりたいと思わなくてはならない、というのはつまりそういうことだ。いやいややっているうちは何事も成し遂げられない。目標が何であれ——自分の会社を持つにしろ、社内でトップになるにしろ、ひと月で八〇〇台のトラクターを生産するにしろ——事情は同じだ。自発的に目指すのでなければ、いかなる目標も達成できないだろう。

とどのつまり管理職の仕事とは、部下の意欲をかきたてることに尽きる。すなわち部下の自負や誇りを育てるということ、何かを達成したときの特別の喜びを味わわせるということ。そしてそれは誰に教えてもらうこともできない。本人の実感、それがすべてなのだ。

3 勝利の味を知ろう

どのようにグレートゲーム・オブ・ビジネスを始めればいいか？　それは小さな成功の積み重ねから、つまり勝利の味を従業員に教えることから始まる。残念ながら、今日のビジネスではなかなか勝利を味わえないのが現状だ。成功している企業でさえ、社員の多くが鬱屈《うっくつ》を抱えていたり、びくびくしていたり、不満を感じていたりする。このような負の感情は、ビジネスを蝕《むしば》む病であり、企業をたやすく死に至らしめる危険性を持っている。

企業を判断する基準は財務諸表に求めるべきだとわたしは強く信じるが、健全な会社と病んだ会社とを見分けるだけなら、貸借対照表を持ちだすまでもない。社内に足を踏み入れたときの印象が、野球場と葬儀場ほども違うからだ。健全な会社では、熱気が目に見える。外来者に会えば、にこやかに会釈をして、相手の目を見て話す。壁にスローガンが掲げられていることも多い。誕生日や記念日、新記録などつねに何かが祝われている。掲示板には最新の情報があふれている。

いっぽう病んだ会社では、掲示板は労働衛生局からの注意や非差別条項など公的機関の指導事項で埋めつくされている。社員はこちらを見ようとしない。訪問者を歓迎しない。部屋は雑然としている。在庫管理はいい加減。誰ひとり仕事を楽しんでいない。みな不機嫌な表情をしていて、まるで葬儀に参列しているような雰囲気だ。おそらくは、自社を弔《とむら》う葬儀に。

一九七九年、シカゴから送られたわたしが当時スプリングフィールド・リニュー・センターと呼ばれていたこの工場の責任者に就いたときも、ちょうど同じような状況だった。前任者は、問題の大きさに匙《さじ》を投げてひとり部屋に閉じこもり、社員とのつながりを断ち切っていた。必要な部品や道具が足りない現場では、従業員たちが文字通りただぶらぶらしていて、それを会社側が改善しようとする動きもなかった。我慢しきれなくなった従業員たちは、労働組合に上司の怠慢を訴えようとしていた。全米自動車労働組合に訴えるか、全米トラック運転手組合に訴えるかを決めるだけという段階だった。そんなときに、グレートゲーム・オブ・ビジネスを導入するためにここへ来たなどと言っても、おそらく町を追い出されるのが落ちだったろう。

会社なり工場なりに現われて、いきなり財務諸表の読みかたを教えるというわけにはいかない。まずは組織や従業員を鋭い目でよく観察するべきだし、そうしなければ、わが社でもゲームの導入は無理だったろう。ビジネスについて——収益のあげかたと資産の作りかたについて、現状を知るための数字の読みかたや成績のつけかたについて――教える前に、少なくとも以下のふたつの条件が整っていなければならない。

1　従業員の信用を得ていること。

そうでなかったら、従業員は耳を傾けないだろうし、こちらの示す数字を信じないだろう。特別報酬などのゲーム仕立てについても、少ない賃金でうまく働かせるための小細工、からくり、策略、つまりは上の人間が儲けるためのものであって、下の人間は搾取《さくしゅ》されるだけだと思うだろう。最低限度の信頼関係、相互に尊敬する関係が築かれていなければならない。いかなる失策を犯したとしても上の人間は現場の問題について理解してくれる、従業員の貢献を評価してくれている、従業員を公平に扱っている、そのような信頼感がなければならない。少なくとも、好意的に解釈してもらえるようでなければいけない。

2　従業員の目が輝いていること。

従業員に「負け犬意識」がしみついていたら、グレートゲーム・オブ・ビジネスは絶対に機能しない。数字を信じたとしても、やる気がなければ行動は生まれないだろう。ゲームに参加するには、参加しようという積極的な気持ちが必要となる。後ろ向きであったり、シニカルな態度であったりしてはならない。自負心や誇りをしっかり持っていて、勝ちにこだわり、ゲームを楽しもうとしなければいけない。肝心なのは、この「楽しめるかどうか」なのだ。楽しくなければ、いい仕事などできるはずがない。勝利がともなうことによって仕事の楽しさは大いに増すはずだが、従業員は、どうすれば自分の仕事で勝者になれるのかを知らないでいる。そこで、その方法をこちらで示してやらなくてはならない。

信頼関係を築いたり、従業員の目を輝かせたりする手段は何通りもある。どこから始めるかはひとえに状況次第だ。当時のスプリングフィールド工場では、信頼関係も、尊敬し合う関係も存在しなかったため、いちばんの基本である「従業員の声に耳を傾ける」という段階から始めなくてはならなかった。

わたしは最初の二、三カ月で一〇〇名ほどいる従業員全員と話をした。三名から五名のグループで会議室に来てもらって、ほしいものは何か、現状をどう感じているか、目標は何か、どういうことをしたいかを尋ねたのだ。人生や夢、勝利について語り合った。現場でどのような設備を必要としているかについても訊いた。従業員は非常に率直に思いを述べて、経営陣にたいする厳しい注文も出された。わたしは、「チャンスをくれと頼んだ。

もちろん、当時のわが社ほど状況の悪い会社はあまりないかもしれない。そこまで念入りな下準備をしなくても、従業員に数字について教え始めることはできるだろう。だが、上層部にたいする信頼が厚すぎるということ、従業員の熱意が強すぎるということはないのだ。われわれの会社では、当時確立したテクニックを今でも使っているし、そのときに学んだ教訓が助けになることも多い。

オーナーシップの前にまず誇り

みずからを勝者であると感じるためには、自分のすることや自分自身に誇りを持つ必要がある。誇りがなければ勝利は得られず、誇りがなければオーナーシップは芽生えない。誇りとは、つまり関心を抱くということだ。自分のすることや持っているものに喜びや満足を感じるということ。関心がなければ、勝者あるいはオーナーになるために何をすべきか考えようともしないだろう。それゆえ、まずは誇りが必要となる。問題は誇りの持ちかたを知らない従業員が多いことだ。子どもの頃、そういう教育をまったく受けていないせいかもしれない。そこで、一からの研修が必要となる。

わたしはスプリングフィールドに来てから、最初の数年のあいだ、リニュー・センターの従業員の誇りをはぐくもうと努力を続けた。用いた手段は、特に凝ったものではない。例えば工場の一般公開などだ。わたしは、メルローズパークにいたときに一般公開を行なって、大成功を収めたことがあった。その一般公開は、ある週末、従業員用駐車場で開催された。トラクターを展示したり、従業員の両親や子どもを招いて職場を見せたりして、たいへんな好評を博した。これは、従業員に自信を持たせるためのひとつの手だてだった。そこでわたしはリニュー・センターでも一般公開を試してみることに決めた。仕事に誇りを持ってもらいたい、自分の存在を大きく感じてもらいたいという考えからだ。父親を見上げる子どもの口から、こんな言葉が出てくればいいと思った。「父さんがこれやってるの？　溶接？　すげえなあ」

一般公開に先立って、われわれは従業員にペンキを配り、機械や作業場を好きに飾らせた。なかには妻を呼んで、たいてい夫より芸術的センスに富む彼女たちに自由奔放な文字を壁に描かせた者もいた。アメリカの国旗あり、ヘルズエンジェルのトレードマークあり、思いつくかぎり何でもあった。「機械修理なら、うちに任せろ」というスローガンを掲げた部署もあった。標識だのシンボルだのが縦横無尽に描かれて、色の調和はいっさい考慮されていない。めちゃくちゃなデザインだったが、彼らの手で作ったものに違いなかった。各自のアイデンティティが、みなに見える形で表現されていた。招待した家族に、「ここがわたしの職場だよ。こういうところで働いているんだ」と強く訴えかけるものだった。

一方、飾りつけを通じて、職場の整理整頓が促されるという期待もあった。整理整頓は、工場では安全面からも効率面からもないがしろにできない。飾りつけによって持ち場にたいする所有者意識が生まれれば、そこをきれいにしようとするはずだとわれわれは考えた。また一般公開自体、職場をきれいにするきっかけになるだろうとの目算もあった。だが、一般公開によってもたらされた最大の成果と言えば、それは、この数年後に社内見学が始まったことだ。外部の人間が社内を見てまわるようになると、従業員はいっそう作業場をきれいにしておくよう努め始めた。わが作業場を誇りたいという気持ちが芽生えたのだ。

従業員の誇りを育てるために、われわれはあらゆる手段を利用した。釣り大会の開催、野球の対抗戦。またあるときは、地元のラジオ局が主催するチャリティーの「冷凍鯉投げ競争」――凍った鯉をどこまで遠くに投げられるかを競う競技だ――にエントリーして、見事うちの従業員が栄冠をつかんだこともあった。

競争に参加できるチャンスはひとつも無駄にしなかった。他社とのリレー競走にも出場した。最低ひと月に一回は大きなイベントがあった。参加するにあたっては、いつも従業員の服の色を統一するようにして、なおかつ頻繁にその色を変えた。特にこだわったのは帽子やジャケットの色だ。

さらに整理整頓や出勤状況などを表彰の対象とした。皆勤賞には豪華な食事がふるまわれた。一定期間、無欠勤だった者は記念の盾を受け取って、家族ともどもレストランに招待されるのだ。わたし自身、しばしばこの賞を獲得した。おかげで二年間というもの、ご馳走にはこと欠かなかった。もちろんクリスマスにはパーティーを開いて、プレゼントを用意した。毎年、社員を驚かせようと、ある年は七面鳥、別の年はチーズボールでもてなした。いずれの試みも職場に愛着を感じてもらうためだった。

初期のこうした努力をやめたわけではないが、最近は、ボーナス制度や従業員持ち株制度、毎週の幹部会、さまざまな数字にまつわるゲームなどのほうへ力点を移している。従業員が財務を学べるレベルまで達したおかげで、当初に比べてわれわれのできることの範囲はだいぶ広がった。方法は変わったが、目的は変わっていない。最初は簡単なところから手をつけるべきだろう。とりわけ、ペンキと刷毛《はけ》ならとっつきやすい。

チームを作る

勝つかどうかは、誇りの有無だけの問題ではない。勝利は習慣化するものでもある。そして負北も、残念ながら同様に癖になってしまうことがある。負け癖のついた従業員の目には輝きがない。だからその目に輝きを取り戻そうと思ったら、機会を作って勝つ経験を味わわせ、その勝利を称《たた》えてやることが必要なのだ。小さな勝利でも大々的に祝福して、それをきっかけに、より大きな勝利へと導いていく。これはほんとうに職場を楽しくする。何かにつけてパーティーや祝宴が開かれる。実はこうした催しこそが、従業員のあいだにチーム意識をはぐくむことになるのだ。

言うまでもなく、勝つ習慣を築くことはグレートゲーム・オブ・ビジネスの背後にある大目標のひとつだ。われわれの場合、はじめは財務諸表のゲームを導入できなかった。まだ財務についての知識が従業員になかったので、導入しても怖気《おじけ》づかせるだけだと思ったからだ。そこで、財務とは別の簡単なゲームを取り入れて、従業員が勝利を味わえるよう工夫した。これが、勝つ習慣をつけるための第一歩だった。どのような勝利にも何かしら称賛できる点があるから、従業員のやる気に火がつき始める。われわれはその過程でどういったゲームや目標設定が最も適しているかについて、以下のことを学んだ。

1　ビジネスは団体競技――チーム形成に役立つゲームを選ぶ。

各企業で始められるゲームにはさまざまなものがあるが、内部分裂を生むゲームは当然避けたほうがよい。チームワークや結束力を高めて、協力の精神を育むゲームがベストだ。

そういったゲームを見つけるのはむずかしくない。問題の多い企業なら特に簡単に見つかるだろう。なぜならいかなる問題点も、ゲームの土台にできるからだ。スプリングフィールドでわたしが最初の数カ月に始めたゲームは、安全、整理整頓、出荷などに関するものだった。管理職同士で部屋に集まっては、よくこんなふうに言ったものだ。「よし、今度はこの問題だ。こいつをどうやってゲームにしたらいいだろう?」

例えば、出荷の問題に対処するにあたっては、特大のきらびやかなトロフィーを用意した。そして毎月、最も優れた出荷成績を収めた部署にトロフィーを持ち回りで授与すると通知した。顧客への配達状況もひどかったので、あとから配達成績もその評価基準に付け足した。同様に、整理整頓でもゲームを始めた。やりかたは、各部署の見まわりをして、その整理状況を数値化するというもの。床がきれいであれば加点し、ロッカーの上に物が放置されていれば減点する。毎月の終わりに、最高得点を挙げた部署に盾を授与した。

チーム精神を養うと同時に、ゲームを利用して信頼関係を築くこともできる。わたしが最初に取り組んだ問題のひとつは、安全管理だった。当時の状況にはなかば気が気でなかったからだ。ただちに対策を施さなくてはならないほど安全管理はずさんだった。また安全推進に取り組めば、従業員の身を気づかっているというこちらの強いメッセージを社会全体に広めることもできる。

何よりも安全が基本だ。幹部にたいする不信感は、まず安全問題から芽生えはじめる。この点で不信感があっては、何をしてもうまくいかない。「上の人間は、口では心配していると言っても、おれたちが怪我をしようがしまいが、本当は気にしていないんだ」と従業員が思うようになったら致命的だ。さらに、もし実際に従業員の思うとおりであれば、上の人間に弁解の余地はない。

そこでわたしは、各問題に本腰を入れて取り組んだ。それも、とても私的な態度で臨んだ。幹部会はもちろん、作業場やカフェテリアに顔を出しては三交代制の従業員全員と話を交わし、相手の顔を見据えながらこう言ったのだ。「われわれは安全推進に取り組みます。みなさんに子どもの待つ家へ帰ってほしいからです。みなさんの家のドアをノックして、『お気の毒ですが、ご主人は家に帰ってこられません。作業中に亡くなりました』などと伝える役割は誰にもやらせたくありません」これによってこちらの気持ちがよく通じた。

われわれは安全委員会を作り、一万時間連続無事故という目標を設定した。各所に置かれた高さ一二〇センチの記録表を、二〇〇時間達成ごとに塗りつぶしていく。週を追うごとに雰囲気が盛り上がった。そしてついに一万時間に達した午後には、工場を閉めてビールパーティーを催した。ロッキーのテーマソングが場内放送用のスピーカーから流れるなか、安全委員が消火器を配ってまわったり、花紙で飾られたフォークリフトがパレードを行なったりした。見物する従業員からは喝采の声があがった。

2 よい面を取りあげて、自信を育てる。

悪い面に目が向くのは、管理職のよくない癖だ。統計でも、うまくいかなくなった点にはすかさず反応する一方で、うまくいっている点はすべて見過ごすという傾向が示されている。例えば一〇〇人の従業員がいて、そのなかに不平不満をこぼす人間がひとりいたとする。このひとりのために、全体の勤労意欲が低いという判断ができあがってしまう。このひとりを気にするあまり、規則を作ったり何かを変えたりして、ほかの九九人に余計な負担をかけるかもしれない。ありもしない問題が重要視されるかもしれない。そして、九九人をほめることを忘れるだろう。結果として、従業員のやる気を引き出すチャンス、予期せぬすばらしい成果をあげるチャンスを逸することになるのだ。

これは、企業にとって重大な弱点である。従業員の自信を育てることは、管理職が担う役割のなかで大きな比率を占める。そのためには、よい面を強調しなければいけない。悪い面を強調すれば、会社は崩れる。やる気をそぐ。社員管理とはつまるところ、いかに社員をやる気にさせるかということなのだ。社員のやる気を引き出そうとしない首脳陣は、職務を果たしていないと言ってもいい。年じゅう悪い面ばかりを指摘していたら、社員のやる気は育たない。

それゆえゲームを立ち上げるにあたっては、前向きな考えをすることが重要となる。われわれの工場の出荷を例に取ろう。出荷状況は予定よりかなり遅れていたが、その点についてはとやかく言わなかった。それよりも、どうすれば順調に出荷できるかについて知恵を絞った。まず、問題の細分化から始めた。前年の出荷成績とその年のそれまでの出荷成績とを掲示したうえで、年内に必要な出荷量を決める。そして、従業員に声をかけた。「これが昨年の成績で、これが先月の成績だ。さあ、新記録を打ち立てようじゃないか」本当にできるのかとあれこれ悩むのではなく、勝ったときの喜びを思い浮かべてほしかったのだ。

もちろん失敗もいくつかある。例えば整理整頓で最下位だった部署に、かかしを置いたことだ。われわれはぼろ箒《ほうき》を持ってきて、それに目玉をつけ、できるだけ醜いかかしをこしらえた。そして、そのかかしを該当部署の持ち場に立てたのだ。これがよくなかった。従業員はゲームにたいする興味を急速に失った。それどころか気分を害してゲームを投げ出す始末だった。当然と言えば当然の結果かもしれない。よい面を強調するのではなく、その反対のことをしたからだ。結局かかしはやめて、盾の授与だけにした。

3　あらゆる勝利を祝う。

つまらなく見えるものでも、記録はすべて重要だ。なぜなら、ひとつ破るごとに祝うことができるからだ。どのような新記録でも従業員をほめ称《たた》えて、その気持ちを盛りたてれば、自信や自負心を育てる機会となる。従業員は鬱屈《うっくつ》を抱えていたり、退屈していたりするかもしれない。もしそこで祝わなければ、彼らの気持ちを上向かせる機会を逃してしまう。

また、記録を利用して会社の風潮を変え、従業員に責任感を持たせることもできる。とかく従業員は問題が起きると、上任せにしようとする。上の者が新任のときは特にそうだ。それは人間だからしかたがない。引き受けてもらえそうだと思えるかぎり、つぎつぎ問題を押しつけてくるだろう。上の人間も業務の流れを理解するために、しばらくはそれらを引き受ける。そうやって基礎訓練を積めばいい。だがある程度の期間を経たら、管理職としてその場を管理しなければならない。

いちばんの方法は、従業員をゲームに参加させることだ。例えば調子のよい日で、生産量の新記録が生まれたとする。それがチャンスだ。その記録を取りあげて盛大に祝い、ほめ称える。つまり勝利を作りだして、勝利を祝うということを行なう。小さな勝利でもすべて祝う。小さな勝利を祝えば、次の勝利、また次の勝利へと従業員は向上心を持って取り組むだろう。やがて意識せずにそうするようになる。自分の面倒は自分でみて、みずからの手で問題を解決するようになる。上任せをやめて仕事を楽しむようになる。その楽しさが続くようにはからうことこそ管理職の仕事なのだ。

ゲームが定着すれば、従業員は上に問題を押しつけることをやめる。ゲームに夢中で、問題を他人に押しつける暇などないからだ。みずからの手で率先して問題を解決しようとする。そうしないと遅れをとって、ゲームに勝てないだろう。こうして各自が目の前の問題に取り組むようになると、管理職には未来の問題に目を向ける余裕ができる。何か問題が起きたときに取り乱さないですむというわけだ。未来の問題に目を向けているかぎり、不測の事態は避けられる。一貫性が保てる。職場の雰囲気は見違えるほどよくなる。

4 あくまでゲームでなければいけない。

従業員を鼓舞しようとするあまり、ゲームを過熱させてしまうことがある。誰ももはやゲームを楽しめず、負けることへの恐れが先立ち始める。そうなったら、ただちに中断するべきだ。

わたしの工場でもこういうことがあった。わたしは各部署の管理職に、その年に達成できそうな業績目標を一〇項目提出させた。どの目標もじつに具体的でこまかかった。一〇項目も要求したために、蚊の尻ほどもこまかい目標になってしまったのだ。その結果、目標が互いに重なり合い衝突し合う。勝つために、従業員たちはほかの人間を押しのけなくてはならなかった。各管理職がわたしの求めたものの八割ずつでも達成すれば、じゅうぶんな成果があがっただろう。しかし、何が何でもトップに立とうとしたふたりの管理職が、互いの領分に踏み込んでしまった。ふたりはほとんど相手を殺さんばかりの勢いだった。

　わたしの意に反して、彼らは業績目標をひとつの目安、会社に貢献すると同時に自分たちのことを自分たちで決められる機会だというふうには捉えなかったのだ。わたしは無邪気に過ぎた。現実には、多くの人間が個人評価を恐れている。評価項目のうちに、暗黙の脅し文句を読み取っている。これらの項目で力を発揮しなければ、仕事をしたとは見なさないぞ、と。彼らは業績目標をはっきり引かれた線と受け取って、胸のうちでこうつぶやく。「よし、ここに線が引かれた。今の仕事を続けたかったら、これをやれということだ」こうしてひどく殺伐とした空気が生まれる。むしろそういった線は、できるだけ見えなくしたほうがいいだろう。

　例のふたりは、対立を深めていった。ひとりが詰めよって、こう文句を言った。「おい、そっちが目標を達成しちまうと、こっちは目標に届かないんだ。へまをやれば、おれはどこかに飛ばされる。そうなれば家族を苦しませる。首になる危険だってある」

　わたしの耳にもふたりの言い合いが聞こえてきた。業績目標が理想の数字としてではなく、最低限の条件として受け取られていることがわかった。自分の間違いに気づいたわたしは、業績目標の貼り紙を回収して裏庭に行き、それらを焼いた。

　肝心なのは、あくまでゲームでなければいけないということだ。わたしは知らないうちに恐怖をシステムの中に盛り込んでいた。よく見てみれば、その恐怖は孤立に由来するものだった。安心感はみなと共にいることから生まれる。みな同じ船に乗っている、無人島にいるのではない、すべてをひとりで背負う必要はないと知ることには数多くの利点がある。
このときの経験から以下のふたつの教訓を学んだ。

5　全員に共通の目標を与える。

矛盾し合うメッセージを従業員に送ってはならない。全員に共通の目標を与えて、協力しなければ目標を達成できないような形にする。一致団結を成功のカギにする。そうすれば勝利をわかち合うことができる。

6　従業員に行なわせたいことの一から一〇までをゲームの目標に立ててはいけない。

目標は、多すぎたら役に立たない。年間でふたつ、多くても三つに抑えるべきである。その際、各目標が五つか六つの事柄をカバーするようにする。言いかえるなら、五つか六つのことを成し遂げて初めて達成できるような大きな目標を選ぶというわけだ。メルローズパークの工場にいたときに、ロシアへのトラクターの納期で学んだ教訓に立ち返るなら、従業員の気持ちをトラクターの出荷に向ければそれでよく、部品調達の期限に関してとやかく言う必要はないのである。

あとで述べるが、従業員に数字の知識がついてくると、全体をひとつにまとめた目標を設定しやすくなる。つまり、財務目標を与えることができるのだ。だがそこまでいかなくとも、ふつうひとつか二つは、会社でも工場でも、組織が直面する問題全体に関わるようなポイントがあるはずだ。それがわかれば、そのポイントを突くことで、いくつかの点を同時に改善できる。

例えば、物の管理のずさんさ。これは工場に限らず、オフィスや家庭でも、たいていは何かしらの問題の表われだ。在庫が余りすぎている工場には、決まって生産の問題が発生する。余分な在庫は曖昧さをもたらすからだ。次にどれくらい生産すればいいのかがはっきりしなくなる。また余計な物があるせいで、職場が散らかって窮屈になれば、勤労意欲も低下する。

だがこうした問題の徴候をとらえれば、この在庫問題を梃子《てこ》に生産を改善することができる。まず、きっかり一日分の在庫を保つためには、一日当たりどの程度の生産が必要かを計算する。そして、表を作ってゲームを立ち上げる。その際には従業員の意欲、動機づけ、作業環境、物品管理などあらゆる点を考慮に入れる。同時に、いっさいの曖昧さを現場から取り除く。そうすることで従業員は、実際にあるものに基づいて働くようになるだろう。問題を溜《た》めこまず、計画的に働く術を身につけるだろう。原材料の在庫がしっかり管理されているため、生産ラインは滞りなく流れ始める。生産量は増加する。

ゲームに参加して勝ちたいという意欲を育てる

はじめの数年に行なっていたことの多くは、今も行なっている。職場の一般公開はしばらく実施していないが、ピクニックは日常的に開催している。また、従業員が子どもを工場に連れてくる特別日も設けている。発想は一般公開のときと同じで、従業員に誇りや自信を持たせるためだ。外でのイベントはかつてなく多い。魚釣りトーナメント、会社対抗のリレー競走、ゴルフのリーグ、ソフトボールやボウリング大会などなど。どのイベントでも、うれしいことに、社員はみなSRCの旗印のもとに参加している。

企業によっては、スポーツ大会に会社の後援で参加するのを認めないところもある。怪我だの、人種構成の問題だので訴訟を起こされるのを恐れてだ。もったいないと言うほかない。そういった企業は、従業員に誇りを持たせる絶好の機会を逃しているからだ。問題も対処できないものではない。過失責任を心配するのなら、従業員にそういった責任は求めないと一筆書いてもらえばよい。さまざまな人種の従業員を参加させるなら、どこからも不満が出ないように気をつければよい。

社外の大会への参加を後押しすることで、ゲームに参加して勝ちたいという意欲をかきたてることができる。と同時に、日ごろの鬱憤《うっぷん》やストレスを無害な形で発散できる場を従業員に与えることにもなる。仕事では勝利を得られない者にも、勝利のチャンスを与えられる。わが社には品質調査係という、ともすると大の嫌われ者になりかねない役割を担う者がいる。しかし、バス釣りの名人でもある彼は、魚釣りの腕前ゆえにみなから尊敬を集めている。

わが社では断然、管理職たちがそういった大会へ参加することを奨励している。それは壁を取り払うきっかけになる。ふだんはいくら管理職が頑張って心を開こうとしても、部下はこちらの肩書きやドアや机——権力を表わすあらゆるシンボル——にひるんでしまう。そのような無用の障壁を取り除くうえで、社外の大会はひとつのきっかけをもたらしてくれる。

ある年のバス釣り大会で、わたしは腕時計の時刻を夏時間に切り替えるのを忘れたために、優勝を逃したことがあった。本部に戻ったときには、大会が終わって一時間経っていた。もし時間どおりに戻っていれば、われわれの優勝は確実であり、年内は釣りの第一人者を名乗れたはずだった。このあたりでは、それはちょっとした名誉だ。冬のあいだずっと鼻高々でいられる。だから、遅れて戻ったときには情けない思いでいっぱいだった。わたしと組んだパートナーは、時間を計る役目だったわたしにたいして烈火のごとく怒った。わたしのへまで、一週間分の給料より多い五〇〇ドルの賞金をもらいそこなったからだ。

だが、ぜひ付け足しておきたいのは、われわれのあいだにはこの経験によって本当の絆が生まれたことだ。会社の人間たちはこの話を単純におもしろがった。わたしに腕時計を贈ってよこしたり、警句を投げつけたりした。従業員たちにとっては、わたしを笑える愉快な経験だった。組織にとっても、壁を取り払えるよい機会だった。わたしにとってさえ、釣りのトロフィーをもらうのと同じくらい嬉しい経験となった。人はこのような大間抜けをやらかすことで、うぬぼれをなくしていける。会社の成功が、優れた頭脳によってもたらされるものではないことをこの経験は思い出させてくれる。

仕事はほどほどに

わたしは社員に週四〇時間以上は働いてほしくない。それでじゅうぶんではないか。生活にはバランスが必要だ。バランスが取れてこそ、生活の楽しさは増す。長い目で見るなら、働き詰めは仕事にとって有益ではない。仕事中毒の人間がまわりの社員をだめにする例を、わたしはいくつも目にしてきた。彼らは憑《つ》かれたように働いて、有害なメッセージをまき散らす。周囲の人間に、休日出勤しないことを後ろめたく思わせる。あまりにばかばかしい。週末は、家族とともに過ごすべき時間であり、子どものサッカーを観に行くべき時間なのだ。週末までオフィスや工場に来させれば、仕事を嫌う風潮が生まれる。

わたしは、従業員に仕事を嫌ってほしくない。残業手当を得るためや、確実に自分の職務を果たすために、いくらか多く働くぶんにはかまわないだろう。だが生活のバランスを犠牲にしてまで、働いてはならない。猛烈に働くことで、大きな成果をあげられる人間がいるのは、わたしも知っている。ただ、もう少しいい方法があると思う。死の床で人生を振り返ったときに、もっとオフィスにいればよかったと悔しがる人がいるだろうか。

いちばんの安上がり

今日のビジネスで、社外のスポーツイベントへの参加を後押しすることほど安くて効果のあがる戦略はないだろう。例えば、社員二〇名のソフトボールチームにかかる費用は五〇〇ドルだ。チームは二〇週にわたって、少なくとも毎週三時間、勤務時間外に集まる機会を持つ。時間で割ればひとり当たりおよそ一時間四二セントの計算になる。

あるいは、うちのゴルフ・リーグを例にとろう。このリーグには従業員や管理職、社員の家族、顧客、納入業者が参加している。全部でほぼ五〇名の参加者がいて、約一二週のあいだ毎週四時間以上プレーをともにする。コースフィーは各自の負担。会社は賞品である商品券代に二〇〇ドル払う。また計算するなら、ひとり当たりおよそ一時間八セントだ。

見返りに、われわれは社員同士に仕事の話をさせられる。自社の売り込みや宣伝ができる。仲間意識を育てられる。管理職と従業員をへだてる壁や、部署と部署、会社と家族のあいだにある壁を取り払える。仕事上の緊張や鬱憤をやわらげられる。取引先と良好な関係を築ける。そして、最も大切なこととして、誇り、自負心、勝とうという姿勢をはぐくめる。

ひとり当たり一時間五〇セントもかけずにだ。

4 会社の全体像を見る

　現在、わが社では入社後すぐにゲームを教え始める。直接、財務諸表からだ。いったん数字を理解して、ゲームのしくみを把握し、納得できれば、ビジネスはけっして意味不明のものではなくなる。自分たちのすることをすべて俯瞰《ふかん》的に眺められる。自分たちがどこにいるのかがわかる。自分たちがどういう貢献をしていて、それがなぜ重要なのかがはっきりする。

　とはいえ、もう少しゆるやかに始めたい場合もあるだろう。われわれも当初はそうだった。収益をあげ、資産を作るしくみを従業員に教えるには、会社が何を行なっていて、従業員がどうその業績に関わっているかを教えることから始めるといい。全体像を提示して、わかりやすい言葉で会社の理念を説明する。そうすれば、数字の話に至ったときにその意味を納得しやすい。どうして数字が日常業務のなかで全体像を見失わないために役立ったり、全員で同じ目標を追求するために役立ったりするのかを、理解させられる。結局、数字が重要であるのは、数字を目安に繰り返し全体像に立ち返れるからだ。

今日のビジネスで、われわれが抱える問題のほとんどは、会社全体のなかの位置を従業員に示していないことに直接起因している。これこそが数々の会社を蝕《むしば》んでいるものなのだ。われわれは、従業員をラジアルボール盤の前に立たせて、全神経を集中して正確な穴をあけるよう指示を出す。そこで彼は言うとおりにする。ドリルで穴をあけて、その鍛造物を隣に送り、自分のあけた穴に何かがぴったりとはめられるのを見届ける。そこへわれわれは戻っていって、彼の時間の使いかたに問題があるせいで経営が悪化したと告げる。彼にはさっぱりわからない。どこに問題があるというのか？　穴をあけるのが自分の仕事で、完璧《かんぺき》にそれをこなしている。もし何か問題があるとしたら、それはほかの人間のせいだ。問題は、工作機械（コンピュータでも、電話でも、ドリルでも、トラックでも、とにかく仕事で使う道具のすべて）の向こうにあるものを見る教育を、われわれがいっさい行なってこなかった点にある。だから従業員には、完璧な穴をあけていて会社の経営が悪くなる理由がわからないのだ。

◆キーポイント◆全体像の提示は、最高の動機づけとなる。従業員に、それぞれの仕事をする理由、働く目的を与える。ゲームをするなら勝利の価値を知っていなければ

ならない。全体像を示すということは、勝利の意味を明確にするということだ。

ここまでの段階は以下のようにまとめられる。

1　小さな勝利を積み重ねる。
2　従業員に全体像を意識させる。
3　数字について教える。

あくまでこれは大まかな流れである。実際には、いつでもあらゆる規模の勝利を探しているし、いつでも従業員に全体像を意識させるようにしている。どれかをひとつずつ切り離して行なうわけではない。以下にいくつか実践方法を述べよう。

●全員を対象に、事業説明会を開く。

一歩下がったところからそれぞれの業務がどう絡み合っているかを眺めさせ、大きな目的を意識させるためには、ときにドラマチックな表現も必要となる。

わたしがこの必要性を感じ始めたのは、スプリングフィールド・リニュー・センターに来て二年目の年末だった。業績が改善されて利益もあがっていたが、部門間の壁は依然として高かった。つまらない文句があちこちから聞こえてきた――やれエンジニアはもらいすぎだとか、在庫管理部の人間は役立たずだとか。そこには組織についての誤った考えがあった。各部門がいかに支え合っているのか、業績をあげるには何をしなければならないのかについて理解されていなかった。わたしは愚痴の言い合いを克服して、こう社員に訴えたかった。「もう目を覚まそう。これからわれわれは、みんなの将来のために投資をするつもりだ」

そこで一九八〇年一〇月のある日、工場を閉めて従業員を町の反対側のシティホテルに集め、「従業員の自覚の日」と銘打った催しを開いた。まず各部の部長による講習がある。従業員は少人数のグループに分かれて、いくつもの部屋で講習を受けた。各部の仕事内容や、それらが互いにどう関係し合っているかについて学ぶ。エンジニアリング部の部長は、新製品を発表したり最新テクノロジーについていくために、同部がどれほど努力しているかを説明した。資材部門は、在庫管理の乱れが招く事態を物語仕立てで紹介した。

一日の終わりには、広々とした部屋に全員が集まって食卓を囲んだ。その席で、わたしは立ち上がってNBCのドキュメンタリー番組で放送された「日本にできるのなら、なぜわれわれにできない?」をビデオで紹介した。わたしはその番組を見て、感銘を受けていた。日本が果敢に挑戦する一方で、アメリカには生気がないという内容だった。アメリカの生産力の低下と、その原因が長年のわれわれの生活態度にあるということが示されていた。番組の最後で、アナウンサーがこう述べる。「このままで行くと、次の世代の生活水準は、アメリカ史上初めて親の世代よりも低いものとなるでしょう」

ふたたび部屋に明かりがついたとき、わたしは立って、「この責任を負いたい人はいますか？アメリカの凋落《ちょうらく》を引き起こしたい人はいますか？　今こそ、われわれは何かをするべきではありませんか？」と問いかけた。見たこともないような反応が返ってきた。賛同の声が沸き起こって、場内は興奮のるつぼと化した。

このときわたしは、従業員に全体像が見えたのだと確信した。

●従業員にたいして自社製品のプロモーション活動を行なう。

いくら多くの時間と労力と金を注ぎ込んで自社製品を顧客に紹介しているからと言って、従業員がそれらの製品を熟知しているとは限らない。きっと、たいていの者はごく一面しか知らないだろう。自社の業務内容——どのような製品やサービスを提供しているのか、それが顧客にとってどう役立っているのか、顧客のニーズにどう応えているのか——を知らなければ、おそらく全体像はつかめないはずだ。これを改善するには、プロモーション費用の一部を従業員向けに使えばいい。

この教訓を学んだのは、メルローズパークで製造ラインの責任者に就いたときだ。それは、呆れるほど多くの問題を抱えた製造ラインだった。品質は悪い。計画は無茶苦茶。生産性は低い。職場の状況は悪夢そのものだった。その日の気分で停止するライン。二日酔いで出勤する従業員。退屈な仕事。わたしはどうにかして、従業員のやる気を引き出す方法を見つけなくてはならなかった。

ほどなく問題の一端は、仕事に意味を感じられない点にあるとわかった。彼らは、自分たちの作ったトラックが全米の道路を走って、物品を各地に運んでいるということを、まったく知らなかった。自分たちが大切な役割を果たしていることを、まったく知らなかった。会社は何百万ドルもの費用を広告やポスターやパンフレットなどに使って顧客の信頼を得ようとしていながら、従業員の誇りを育てることにはまったく費用を割いていなかった。そこで、われわれは販促部門に出向いて協力を仰いだ。

工場内にわれわれは、トラックやトラクターの立派なポスターを貼った。製品にたいする従業員の理解と自信を深めるべく、われわれはまさに一大キャンペーンを実施したのだ。これが成功だった。ある従業員がわたしにこんなエピソードを教えてくれた日のことはけっして忘れないだろう。彼が子どもとドライブしていたときに、横にハーヴェスター社のトラックが停まったのだという。「わたしはせがれに言ったんです。父さんがあのトラックのエンジンを作ってるんだよって」そう、それは文字どおり、彼の手で作ったエンジンだった。

このキャンペーンの効果があって、作業のようすは見違えるように変わった。従業員のあいだにチーム意識が芽生えた。これは作業ラインにとってはとても大切なことだ。連携がまずければラインは流れない。このキャンペーン以降、従業員の目は工程全体に向くようになった。別人のように真剣な表情だった。

ここでの教訓は、商品を作っている従業員を対象に、プロモーションを行なえということ。極論を承知で言えば、まず従業員に売ってから顧客に売ろうとするべきではなかろうか。外に出ていって、心のこもっていない製品を売ったところで、何もおもしろくない。われわれは命の吹込まれた製品を売りたいのだ。従業員の心が込められた製品を。

●異動を積極的に行なう。

ピープル・エクスプレス・エアラインズ社ではかつて「異部門交流」と銘打って、従業員に他部門の仕事を経験させる研修を行なっていた。例えば、客室乗務員が貨物部門の業務を体験したり、経理の人間が顧客サービスの仕事をしたりする。これは実際、専門以外に目を向けさせて全体像を直接感じ取らせるうえで有効な手段だった。

われわれも、名前こそつけていないが同様の試みを行なっている。それは、従業員の異動をできるだけふやすというものである。例えばわが社の販促部門には、作業現場から移ってきた者が多い。ここには、昇進はできるだけ早くという、わたしがメルローズパークで学んだ教訓も生きている。いくつか異なる部署を経験した者は仕事の取り組みかたが断然違う。まわりと協力するのもうまい。他者の立場で考えることに長《た》けている。各自の役割がどうつながっていて、どう依存し合っているかについての理解がある。

たとえ実際に異動を行なわなくても、一時的にふだんの仕事からはずして直接ほかの部門の業務に触れさせれば、視野は広げられる。このような理由もあって、わが社では現場の時間給社員に顧客対応をしてもらうことが多い。

初めて現場の人間を顧客のもとに派遣したときのことは今も覚えている。わが社は巨大なトランスミッションを、金鉱採掘を手がけるある大口の取引先向けに製造していた。全長二メートルもあるトランスミッションで、価格はおよそ一五万ドル。それが故障したせいで全作業が中断し、一時間当たり五万ドルの損失が出ていた。

そこでわれわれはトランスミッションを作ったふたりの現場従業員を派遣した。その状況に即応できる唯一のチームだ。当然ながら相手はかんかんに怒っていて、ふたりはさんざん文句を言われた。しかしこの出来事の本当の山場が訪れたのは、ふたりが会社に戻ってきたときだった。ふたりは、その顧客とのやりとりを全員に話して聞かせた。とそのとき、誰もがはっと気づいたのだ。工程の最後には顧客サービスを担当する人間がいて、その者の仕事は、われわれの作っている製品の出来ばえに左右されるということを。従業員たちは、自分自身や会社にたいしてだけでなく、顧客にたいしても責任を負っていることを知った。

ある意味で、この経験はわたしの立場をわからせるものでもある。相手の期待に応えられなかったり、相手をがっかりさせたりすれば、ＳＲＣでは誰もが申し訳なく思う。ところが、たいていの会社では、失望の声を聞くのは顧客サービス部の人間か幹部だけだ。実際にその製品を作っている社員の耳には届かない。現在われわれは、顧客対応にはできるだけ現場の人間を派遣するようにしている。

●目に見える形で示す。

会社の全体像は、口で説明するだけでなく目に見える形で示さなくてはならない。表やグラフを使って示したり、それらで壁を飾ったりするといい。数値化できるものは何でも使える――純益、売上、顧客ごとの売上、週ごとの生産量あるいは一日当たりや一分当たりの生産量、燃料費、スクラップの量など何でもいい。どのグラフもドラマティックな動きを示すことがある。あるとき、われわれは最新の数字を用いたグラフをカフェテリアの壁一面に貼りだした。それは間接費のグラフで、確実に従業員の注意を引きつけた。

しかし、最も効果的な示しかたは表によるものではない。毎年与える株券こそ、従業員が会社の所有者だということを具体的に示す証拠であり、過去一二カ月で自分の持ち分がどれほどふえたかを如実に示すものだ。たとえ紙切れだとしても株券には重みがある。ふつう従業員持ち株制度では株券は発行されず、毎年の明細だけが渡されるが、わが社では全体像を目で見てもらうためにきちんと株券を発行している。成功の尺度を従業員に示すためだ。われわれはこう言う。「わが社では、みなさんが株式を持っている。グレートゲーム・オブ・ビジネスにおいては、株式が成功の尺度になる」

●子どもたちから刺激を受ける。

会社は手段にすぎず、目的はオフィスの外にある。それゆえ真の全体像、従業員にとっていちばん大切な全体像は、給料明細といった次元を超えて地域社会全体を含むものだ。われわれは地域社会への貢献に大きな重点を置いており、後述のアドプト制度、ホームレスの子どもを対象にしたクリスマスの遠足、慈善団体を通じての寄付、知的障害者によるオリンピックや赤十字の支援といった活動に取り組んでいる。誰を見捨てることもできない。われわれにとっては、すべてが全体像のなかの一部分になっている。

ひとつには、恩返しという意味合いもある。受け取ったものすべてにたいする感謝の気持ちとして、今度はこちらが人々の役に立ちたい。しかしそれだけではなく、従業員にそうした活動に取り組ませることは会社にとっても多大な利益となるのだ。自閉症児の施設を訪れたり、ホームレスの子どもにクリスマスプレゼントを贈ったりする活動が、従業員に大きな影響を与えている。

彼らはＳＲＣの代表としてそれらの活動を行なうので、この機会を通じて自分の仕事を違った観点から見つめなおすことになる。そこから自分にたいする自信が生まれるとともに、会社への誇りが芽生える。会社の方針や経営理念を従業員同士で話すことも多くなる。これは経営陣の考えを実践する大きな原動力となる。会社に戻ってきたときの従業員は活力を取り戻して、やる気に満ちている。

もちろん、社会奉仕を行なっている企業は少なくないが、どこもたいていは最高経営責任者やごく上層部の人間しか参加していない。わが社では、社員全員に地域参加を奨励している。例えば、われわれが積極的に取り組む活動に、アドプト制度がある。退学の恐れのある生徒に手を差し伸べて、学校に通い続けられるよう助ける活動だ。職長を務める社員が学校へ行って、管理職まで昇進した道のりを語って聞かせる。職長にとっても、そこで得られるものは大きい。例えば社内の人間関係で悩んでいる職長だったとする。教室で子供たちと話をし、権力争いをかみくだいて説明するうちに、その否定的な側面ばかりでなく建設的な側面を発見できるかもしれない。あるいは子どものほうが工場へ来て、社員の案内で一日見学をする。その社員は子どものよき先生になれるかもしれない。

われわれがアドプト制度に加わったのは、スプリングフィールドの教育委員会から打診を受けたことがきっかけである。対象は、問題を抱えた地元の生徒たちだった。彼らは妊娠、麻薬、アルコール、学力不足などのために卒業もおぼつかないような生徒たちで、こまやかなケアを受けられるよう、そして孤立感を持たないよう、小さな学校に移されていた。

SRCは、とくに厄介な生徒を引き受けている。いやいや引き受けているわけではない。何といっても「再生」がうちの仕事であるわけだし、われわれ自身、かつてはどん底にいたからだ。問題児を他人とは思えない。彼らを助けることは、わたしたちのもうひとつの大きな目的であり、もうひとつの課題なのだ。

学校から求められれば、われわれは何でもする。金。時間。生徒向けの報奨制度。カウンセリング。子どもたちを雇うこともある。生徒たちが学校に通い続けられるよう努力を惜しまない。可能なかぎり、ひとりひとりに関心を払う。当然、勤務時間を削らなくてはならない場合も出てくるが、従業員たちはうまくやりくりする方法を心得ている。会社にとっても、得るもののほうが失うものよりはるかに多い。

われわれには本当の意味での援助ができると思う。教育システムには、ビジネス界の助けが必要ではないか。学校が抱えるあらゆる問題を、われわれなら日常的に分析できる。教育に貢献するのはビジネスにともなう責務であり、われわれは孤立主義であってはならない。

われわれの地域参加の規模は、いかなる種類の貢献においても非常に大きい。慈善団体ユナイテッドウェイへの寄付を例に取ろう。スプリングフィールドだけで三〇〇人の従業員が総額四万ドルの寄付を行なっているのだ。これほどの規模の寄付を行なっている組織は、この地域ではほかにあまりない。なぜか？　われわれの従業員にはチーム意識があるからだ。彼らはSRCの評判を上げたいと願っている。勝者たることを追い求めている。一番になりたいと望んでいる。

そして、よいことをしたときにはそれだけの報いがあるものだ。従業員たちは自信を深めるとともに、ＳＲＣへの信頼を強める。何かの一員になりたい、勝利チームの一員になりたいという健全な気持ちでＳＲＣに出勤してくるようになる。勝利にはさまざまな側面がある。ユナイテッドウェイに協力するのもその一面だ。すばらしい親になることもそう。また、性、宗教、人種の異なる同僚とどう接するかも問われる。お互いを気遣《づか》うとともに、自分の間違いを認める勇気を持たなくてはならない。それらはどれもビジネスの一部であり、全体像の一部なのだ。

品質を超えて

全体像を従業員に教えるという取り組みは、かつて品質運動の名で七〇年代から八〇年代にかけて広まった考えの多くと対立するものだ。当時、品質にこだわる人たちは、それ以外のことにはまったく目を向けていなかった。わたしの親しいＳＲＣの同僚のひとりも、従業員にほかの部門のことを教えたところで、時間を無駄にするだけだと考えていた。

「なんで製造の人間が、販促のやっている仕事の内容まで知らなきゃいけないんだ？　おれが気にするのは、向こうが向こうの仕事をちゃんとやってるかどうかだけだ。おれがおれの仕事をきっちりやって、販促が販促の仕事をきっちりやって、みんながそれぞれの仕事をしっかりやっていれば、会社はうまくいくんだよ。販促の人間がどうやって売上を伸ばすかなんて知る必要ない。おれにとって大事なのは品質だけさ。品質を高めるには、こまかいところまで神経を配らせるようにすればいいのであって、会社のしくみなど教えても役に立たない」

もっともな言い分に聞こえるが、これは間違っている。わたしは経験から、これが間違いだとわかる。わたしが目にしたかぎり、このようなやりかたをしている会社はたいてい粗悪な製品しか作っておらず、当然そのほかにもたくさんの問題を抱えていた。従業員がそれぞれの狭い専門領域にしか目を向けなかったら、異なる部門のあいだで必ず衝突が起きる。各部門がばらばらで、ひとつの会社としてのまとまりを持たない、それどころか社内で派閥争いを繰り広げているようなありさまで、そうなると売上を伸ばすのも何をするのも、非常にむずかしくなる。品質は向上せず、悪化するばかりだ。

そもそも、専門化のどこがそんなにいいのか。わたし自身はいつも好んで、与えられた仕事以外のことにも目を向けていた。ひとつには、割り当てられた役割が退屈だったせいかもしれない。窮屈な組織に息苦しさを感じていたせいかもしれない。あるいは、純粋な好奇心からだったかもしれない。いずれにせよ、知れば知るほどおもしろくなった。やがてほかの人間も同じような興味を持つことに気づき、全体像を動機づけ要因として使うことができるとわかったのだ。従業員がもっと仕事を楽しめるようにするための手段として。

また全体像は、会社の柔軟性を増すものでもある。わが社のプレーヤーにはもっと多芸になってもらいたい。アメフトで言えば、タイトエンドにもクォーターバックを務める能力を持ってほしいのだ。それぞれの持ち場の仕事だけでなく、あらゆる役割を与えたい。そうすれば状況が変化しても、会社はすばやく対応できる。

一方、その後の品質運動に何が起きたかを見てみよう。一〇年前、品質のよさとは欠陥のない製品を意味した。現在は、「総合的品質管理」の名のもとで、情報の品質、サポートの品質、顧客サービスの品質が問われる。製品の欠陥が最も少ない、故障が最も少ないというだけではじゅうぶんではないのである。またその実績を、買い手に向けて発信することも必要となる。品質コストはもはや正確には計算できない。理由は、製品の品質を管理するだけではすまないからだ――出荷、安全、設備などすべてが関係してくる。そのような現状を考えれば、これらすべての要素が一カ所に集まる点に注目する必要がある。つまり、損益計算書と貸借対照表だ。

ちなみに、先ほど紹介した品質管理主義者の同僚は、現在SRCの副社長を務めており、誰よりもグレートゲーム・オブ・ビジネスに心酔している。一八〇度の大転換だった。だが、なかにはいまだに品質管理の常套句《じょうとうく》に惑わされている人がいて、わたしはそういった人々の抵抗にあうこともある。ゲームの話をすると、「持続的改善はどこにあるんですか？　工程改善は？　おたくの工場では工程はどうでもいいんですか？」と尋ねてくる。わたしは過去五年間のわが社の株価チャートを見せて、こう言う。「その持続的改善というのは、このことですか？」

わたし自身の目標は、ともに働く人々のために富を創出して、その富を、世界がよりよい場所になるようなやりかたで分配することである。世界をよりよい場所にしたいという思いがあっても、それを可能にする具体的な手段がなければ何も始まらない。わたしは、富の築きかたとその維持のしかたを教えることで、社員の生活水準を上げようと努力している。これがわたしの全体像だ。

混乱したメッセージを送る危険性

従業員に全体像を教えていないと、期せずして混乱したメッセージを社内にばらまいてしまう危険性がある。わたしの知っているフォーチュン五〇〇社のひとつでは、社長が社員に顧客サービスを改善したいと告げた。そこで社員は、発送センターに用意しておく在庫をふやし始めた。この社長が言わなかったのは、資産収益率で社長が評価されているということだった――つまり、総資産に占める純利益の割合で評価されるということである。

在庫がふえればふえるほど、総資産はふえ、社長の特別手当は遠のいていった。その年の最終四半期に至って、社長は帳尻を合わせるため突然、仕入れをいっさい止めるよう指示した。一四〇〇社に及ぶ納入業者との取引は、何の断りもなく打ち切られた。数十万人の雇用が危険にさらされた。原因は、社長が誤ったメッセージを送ったことにある。彼は資産収益率を上げたいという本音を隠して、顧客サービスを改善したいと従業員に告げたからだ。全体像を教えなかった結果、だまされた従業員たちはみなやる気を失ってしまった。

また委託販売員を使う際も、会社の送るメッセージは混乱する。この場合、販売員へのメッセージははっきりしている。多く売るほどよい、だ。だが厄介なことに、売上の伸びは必ずしも会社の利益につながらない。委託販売員のせいで会社が混乱をきたすこともある。なぜなら彼らが外で売れるだけ売ると、生産が追いつかなくなるからだ。するとどうなるか？　結局、会社の経営は行き詰まり、全員が職を失うことになりかねない。そうならないために歩合制をやめて販売員の意欲を奪うとか、あるいは経験豊かな販売員を解雇して未熟な若手に入れ替える、といった馬鹿げたことになりかねない。販売員が売上を伸ばすことで会社の利益が下がるのでは、なんらかの対策を施さないわけにはいかないだろう。

たしかに報酬金システムは、会社がさまざまなメッセージを伝えるために非常に重要なものである。ただ、そのシステムが本当に機能しているかどうか、慎重に吟味する必要がある。特に目標管理を取り入れている場合には。下手をすると従業員は正常な判断力を失い、視野狭窄《きょうさく》に陥る。そして会社に及ぼす影響を考えずに行動するようになる。

例えば、在庫回転率で勤務を評価すると言われた従業員は、やみくもに在庫を減らそうとする。するとどうなるか？　在庫の維持費用は下がるだろうが、製造部では効率よく機械を動かせず、結果として生産コストはとんでもなく上がってしまう。だからこそ、全員の目を全体像に向けさせる必要があるのだ。

5 オープンブック・マネジメント

従業員が自分の会社について知っていればいるほど、会社はよくなる。これは鉄則だ。従業員に隠し事をするよりも、従業員と情報を共有し合ったほうが必ずいい結果を出せる。自分の知っていることは、全社的なことであれ、部門や部署についてであれ、すべて従業員に教えよう。情報は権力の道具であってはならない。教育の手段であるべきだ。従業員を脅したり、支配したり、あるいは操ったりするために情報を用いてはならない。どのように協力し合って共通のゴールを目指せばいいかを示すため、ひいては、各自が望みどおりの生活を送れるようにするために情報を使おう。数字は共有されてこそ初めて有効な道具となる。それを用いることで、従業員はみずから判断しながら日々の仕事を進めていける。これがオープンブック・マネジメントのカギだ。

また、これはSRCの成功のカギでもあった。もし、情報なり考えなり数字なりを従業員に開示していなかったら、われわれはこんなに多くを儲けたり、こんなに多くの富を生み出したりできなかっただろう。正直なところ、社の存続さえ危うかったはずだ。そして、わたしの言う開示とは、徹底的な開示を意味する。ビジネスの運営は水族館のように、誰もが中のようすを見られるようでなければいけない。何が入ってきて、何が動いていて、何が出ていったかを見ることができなければいけないのだ。従業員にこちらのやっていることとその理由をきちんと理解させて、こちらの意図が伝わるよう手がかりを与えるには、これが唯一の方法だ。そうすることで、予期せぬ事態に見舞われても従業員はまごつかずにすばやく対応できる。

　われわれと状況の異なる場合でも、オープンブック・マネジメントの効果は変わらない。どんな職場でも利用可能だ。たとえあなたが秘密に包まれた会社に勤務する現場の長であったとしても、この手法を実践できる。もちろん、上層部の協力があればなおよい。だが、トップがワンマンで社員のことをいっさい気にかけない場合でも、あなたとあなたの部下はオープンブックによって成果をあげ、仕事を楽しくできる。

言語療法——オープンブック・マネジメントはどのように効くのか

わたしがオープンブック・マネジメントについて話すときに強調するのは、わが社で実践している数字によるコミュニケーションだ。これがわが社のグレートゲーム・オブ・ビジネスの基礎を成している。オープンブック・マネジメントは、どのようなビジネスの症状にも効く万能薬ではない。前章まで述べてきたような数段階をクリアしていなければ、効き目はないかもしれない。従業員とのあいだにいくらかでも信頼関係を築いて、お互いに尊敬し合う感情が生まれていなければ、従業員はこちらの出す数字を信用しないだろう。

また、従業員が勝利の味を知らず、みずからを敗者と決めつけていて、生気のない目でぶらぶらしているようであれば、数字を与えても行動を起こさないだろう。あるいは、全体像を意識するよう会社のしくみやそのなかにおける各自の位置、各業務の意義を教えていなければ、従業員は数字に関心を抱かないだろう。

まずは基盤づくりから始めよう。そして土台が固まったら、次に数字の知識が不可欠となる。数字はビジネスの言語だからだ。この言語を知らなければ、ゲームへの参加はおろかビジネスを理解することさえできない。自分はどういった現状にあるのか、何に注意を向ければいいのか、どこに問題があってそれをどう解決すればいいのか、日々の行動がいかに周囲のすべて——同僚、会社、地域社会、家族、自分の夢と希望——に影響を与えているのか。これらに答えてくれるのは数字だけだ。ミクロに目を向けることで、マクロが見えてくると言えばいいだろうか。要するにわれわれのやっているのは、数字によって個人を全体像に結びつけるということである。

オープンブック・マネジメントを取り入れれば、わたしの知るどんな方法よりも効果的に、従業員の関心を、会社が直面している大切な問題のほうに向けられる。会社内の壁もなくなる。財務諸表を使って考えを伝えるので、内部対立にゆがめられずに、上の考えがすみやかに従業員に届く。事業全体を知っていれば、他部署のせいにして弁解するということはしにくい。「われわれ製造部はちゃんと仕事をしてるのに、販売部がだめなんだ」と、他部署を責めるだけで問題を片付けるわけにはいかない。問題があれば、解決を迫られる。全員で問題の解決に当たらねばならない。当の製造部が販売部の不振をもたらしている可能性だってあるだろう――生産は遅れていないか、品質は落ちていないか。オープンブック・マネジメントはあらゆる事実を明るみに出す。隠し事はできない。

と同時に、オープンブック・マネジメントによって各自の仕事の受けとめかたも変わる。数字のおかげで仕事に意味を見出して、自分の位置づけ、自分の重要さに気づくことがある。わが社にビリー・クリントンという、工場の倉庫管理を担当する者がいる。彼は長いあいだ自分を取るに足らない存在、歯車のひとつにすぎないと感じていた。部品や製品をどこかで必要になるまで預かるだけの単なる倉庫番だと思っていたのだ。自分がいわば組織に栄養を保給する役割を担い、組織の成長速度に多大な影響を及ぼしていることには気づいていなかった。

だが、数字というビジネス言語を学んで、彼は自分の役割を理解し始める。生産ラインが止まったときの損失金額をただちに知ったからだ。何度か生産ラインが止まったことがある。その原因は、倉庫にあるはずの部品が見つからないためだった。自分が倉庫にある品を正確に把握しているかどうかがいかに組織にとって重要かを、ビリーは悟った。もし彼が数を誤って把握していたら、会社は重要な部品を知らぬうちに切らしてしまうかもしれない。つまり、ビリーとその部下たちが正確に在庫数を把握することで、生産ラインは稼動を続けられるのだ。工場としてはぜひとも彼らに一人前になってもらわなければならなかった。誰にとって何がきっかけになるかはわからない。突如、自分のしていることが意味を帯びてくる。それはもはや作業とか単なる仕事とかではなくて、責務だ。そして、家族を養うということなのだ。

ビジネスから情《じょう》を排除する

わたしの知る会社に、人間的な経営を誇りにする会社があった。従業員は年じゅう川下りや山登りに出かけたり、毎日、自己啓発に時間を割いたりしていた。最高経営責任者はやる気を高めるためのカセットテープをかけ、毎週金曜の午後にはビールパーティーを開いて従業員の働きぶりをほめ称えた。これはこれですばらしい社風だ。だが、彼らはひとつ忘れていた。金を儲けなければビジネスは続けられないということを。つかの間の隆盛ののち、この会社は倒産して、従業員はみな職を失った。

ビジネスは人を大事にするべきだという信念にかけては、わたしは誰にも負けないつもりだ。ただ数字より情を優先しては、従業員のためにならない。わたしがオープンブック・マネジメントを気に入っているいちばんの理由は、この点にある。オープンブック・マネジメントでは、情が排除される。少なくとも決定を下す過程では情は加味されない。情は判断を鈍らせる。数字は嘘をつかない。ビジネスの成功が、1プラス1は2の明晰さを保てるかどうかにかかっていることをうちの従業員は知っている。みんなで輪になって、さあ、お手てをつなぎましょうという世界ではないのだ。

誤解しないでほしい。わたしはビジネスに情が役立たないと言っているのではない。クラッカーもお祝いも啓発的なメッセージも、全部わたしは大好きだ。ただ会社の状況についての信頼できる情報が、それらに取って代わられてはならないのである。従業員はクラッカーがそこにある理由――なぜやる気が重要なのか、奮起するとどういった成果を得られるのか――を理解していなければならない。気を引きそうな小道具を使えばたやすく従業員を操れるが、それは間違いだ。従業員の無知をいいことに、いい加減な話で励ますこと、つまり働きぶりをほめちぎったり、いかにすばらしい会社であるかを述べたりする一方で、経営の実情は知らせないというのはフェアではない。わたしが一四年間勤めた会社は、万事順調だ、永遠につぶれないと言っていた。われわれは情に訴えられて働き続けた。貸借対照表を見ていれば、わたしは自分の情が誤ったほうに導かれていることに気づいたはずだ。

従業員たちがみずから状況を判断できるようにしよう。お祭り騒ぎでごまかしてはならない。曇りのないコミュニケーションは数字から始まる。1プラス1は2だと伝えるとき、そのメッセージはゆがめられずに届く。あとは、1プラス1は2の意味を従業員が理解できるようにすればいい。

また、悪いニュースを伝えなくてはならない場面でも、数字は大切だ。なかなか悪いニュースは打ち明けにくい。部下が失望しないだろうか、あきらめないだろうか、問題を解決しようという意欲を失わないだろうか、などと恐れるのも無理はない。そのため悪いニュースを伝える役目の者は話をできるだけ明るくしようとしがちで、えてして伝えるべき内容を削ってしまう。だが、正確に伝えなかったら事態は悪くなるばかりだ。

では、従業員をがっかりさせずにはっきり伝えられる方法はないのか。数字を用いれば、それができる。数字に裏付けられたメッセージは、じかに従業員の心に響くからだ。そして従業員はこうつぶやく。「たいへんだ、どうにかしないといけないぞ」

魔法の数字――なぜオープンブック・マネジメントはうまくいくのか

何かを引き起こすには「魔法の数字」が必要だと、ある大都市の刑事に教えられたことがある。彼にとっての魔法の数字は、財布のなかの現金の額ではなくて、頭のなかにある数字――解決のカギを握る人物の電話番号――だった。ＳＲＣの人間の頭にも魔法の数字が一式詰まっている。われわれにとってはそれらの数字が、競争に勝つための重要な道具となる。以下に理由を述べよう。
ビジネスで儲けるには、ふたつの方法しかない。ひとつは、どこよりも原価を安く抑えること。もうひとつは、ほかにはない独自のものを持つこと。独自の製品やサービスがない場合は、価格で勝負するしかない。その際いちばん有効なのは、どこよりも原価を低く抑えることだ。業界で最も低い原価を実現できれば、他社より安く売ってなおかつ利益をあげられる。同様に、自分たちより安い価格で売っている相手に負けても、あまり心配しなくてよい。相手より原価を低く抑えているかぎり、価格競争で打撃を受けるのは相手のほうだからだ。

一方、他社よりやや高い値をつけられる立場にあれば、絶対的に有利だ。そのためには、顧客がほかでは手にできない何かを打ち出さなくてはならない。それは品質かもしれないし、特別なサービスかもしれない。ユニークな商品かもしれないし、ブランド名かもしれない。とにかくそれを持っているのがその会社だけであるかぎり――顧客がそれをほしいと思えば――価格を上乗せできる。

言うまでもなく、大成功を収める会社は業界一安い原価と競争相手にはない何かの両方を追求する。その他大勢に属するような会社も、たいていそれらふたつの取り合わせで問題に対処している。だが、それ以前に根本的な条件がある。つまり、もしあなたの会社が七・五センチの釘を作っているとしたら、業界一安い原価を目指したほうが賢明だということである。選択の幅が少し広がるのは、ポラロイドカメラを製造している場合などだ。

ポラロイド社のような立場の会社はとても少ない。買い手のつくかぎり望みどおりの価格をつけられるという贅沢は、大多数の会社には許されていない。わが社もそうだ。エンジンやエンジン部品の修理といった誰にでもできることをしているわれわれの場合、何千という競合企業があるため、どうしても原価の安さを目指すこととなる。原価抑制はごく基本的な事柄であり、それを専門に請け負うような担当者もいなければ、担当部門もない。社員全員のひとつひとつの判断が、すべて原価の増減に影響を及ぼしているのだ。

例えば毎日毎分、現場の誰かが中古部品を使うか、新品を使うかの判断を下す。原則的には、できるだけ中古部品を再利用するほうが望ましい。中古部品が多ければ多いほど、原価が下がるのだから――ただし、中古部品の回収作業にあまりに時間がかかる場合はそのかぎりではない。仮に、われわれが一時間二六ドルの人件費と間接費を払っているとする。新品を使えば四五ドルかかる連接棒を、ある従業員は中古品でまかなうことに決めた。その部品を回収する作業が一時間で終われば、われわれは利益をあげられる。二時間かかれば、われわれは損失を出す。そしてこの判断は本人にしかできない。回収作業はひとつとして同じものではないからだ。それゆえなんらかの作業をする際、各従業員にはつねにどちらが時間と労力の無駄にならないかについての判断が求められる。

こうしたことは、われわれの業種にかぎった話ではない。原価は個人レベルで減少（あるいは増大）するものだ。上から通達を出したり、複雑な管理システムを作ったり、檄《げき》を飛ばしたりしても業界一安い原価は実現できない。原価を減らす最善の方法は、全員の協力を得ることである。そのためには、正しい判断をするのに必要な道具を従業員に与えねばならない。

例の魔法の数字が、この道具にあたる。これを持たないビジネスはない。正確に言うなら、この数字とは、自社の原価が他社の原価より低いかどうかを示す数字のことだ。目標原価を設定するためにはぜひとも競争相手の原価を知る必要がある——賃金はいくらか、生産速度はどの程度か、どういった手当を払っているか、そのほかに何か動機づけを提供しているか、原料費にどれくらいかかっているか、借入金の状況はどうか。それらがわかって初めて、業界一安い原価を実現するためにすべきことが見えてくる。競争相手の数字が、こちらにとっての基準値となるからだ。オープンブック・マネジメントはこの基準値を従業員と共有し合う手段、つまり全員の協力を得て業界一安い原価を実現するための方法である。

もちろん原価削減を追求しながら、他社にない付加サービスを打ち出そうとすることもできる。その付加サービスとは、総合的品質管理システムかもしれないし、ある種のマーケティング戦略や販売支援かもしれない。いずれにせよ、通常より少し高い価格をつけられるようにするためのものだ。しかし、たいていはそれほど価格を割増しできるものではない。結局、業界一安い原価の追求を続けないわけにはいかない。そのためには競争でトップを維持しつつ、その競争のしくみを従業員に教えて原価を下げるための方法を従業員から募ることだ。驚くほどすばらしい提案が出されるかもしれない。

その過程では二次的な効果も生まれる。従業員のモチベーションが高まるため、離職率の低い、きわめて安定した労働力を得られるのだ。これは、より品質の高いものを顧客に提供できることを意味する。これこそ他社にはないわが社の強みだ。そのおかげで、よそより少し高い価格をつけられる。

改善の成果は少しずつ現われ、不測の事態だけが一度に現われる

わたしがオープンブック・マネジメントを推すいちばんの根拠は、会社の事情にくわしくなればなるほど、改善の必要なこまかいところにうまく対処できるようになるという点にある。ビジネスは細部のゲームだ。会社の損益計算書を見ればわかるように、税引前利益が売上の五パーセントを超えることはめったにない。つまり、収益性を一パーセント上げるのは非常にたいへんなことなのだ。その実現にはかなりの時間を要する。逆に不測の事態は一気に大打撃をもたらす。誰もが不測の事態を忌《い》み嫌っている。ところがなぜか、巧みに情報を操作する者、秘密主義的でまずい情報は絶対に教えないという旧弊な管理手法のほうは、それほど嫌われていない。

じつは、そういった管理手法にこそ不測の事態を繰り返し招く原因がある。なぜなら、将来を予想したり見積もったりするための道具、責務を果たすための道具を従業員に与えていないからだ。不測の事態を招かないためには、職務遂行に影響しそうなあらゆる要素に注意しておく必要

がある。そこで、オープンブック・マネジメントの登場ということになる。

不測の事態を起こさないこと――少なくとも深刻なものは。これも、SRCでは職務に含まれる。不測の事態を招くのは、仕事をコントロールできていない証拠だ。オープンブック、すなわち財務情報を開示すれば、各自が仕事をコントロールできるようになり、ひいては安定がもたらされる。従業員が求めているのは変化ではなく、安定だ。安定はシステムのなかに、ビジネスの根本原則のなかに内在している。個人の力でどうこうできるものではない。つねにシステムと一体のものなのだ。

★六番めの高次の法則
ファンはだませても、プレーヤーは絶対だませない。

グレートゲーム・オブ・ビジネスは、ぺてんではない。そのようなつもりで使うのなら、効果は望めない。

情報開示の恐怖を克服する

どうすれば職場の民主化などを思いつくような境地になれるのか――従業員に数字を見る許可

を与えて、そのうえ各自にそれぞれの運命を切り拓くための手段を授けるなんて。誇りを捨てて、白状することによってだろうか。ひとりではすべての解決策を見つけられない、ひとりではすべてに判断を下せないと。そうではない。情報開示の恐怖を克服することによってである。

恐怖心1　競争相手にこちらの情報が漏れたら？

会社の帳簿を開示するという考えには、多くの経営者がたじろぐ。数字が間違ったところ――競合他社などに渡ったらいったいどうなるのか。正直に言うとわれわれの場合、はじめのうちはあまりに財務状況が悪くて、それを敵が知ろうが知るまいが関係なかった。そして数字を従業員に教え始めてからは、わが社の強さが増すのを見るにつけ、ますます敵のことが気にならなくなった。なぜなら、他社がうちと同じように強くなることはありえなかったからだ。

革新的な試みを行なう者に比べれば、単なる模倣者など恐るるに足りない。われわれは数字の共有によって、他社にはできないものを確立しようとしていた。たとえ相手がわが社の数字をひとつ残らず知ることができても、われわれの方法を導入しないかぎり、数字を使って従業員のやる気を高めないかぎり、全員で原価削減に取り組まないかぎり、われわれを追い越せはしないだろう。

これは、他社の数字を知ることが競争に役立たないという意味ではない。われわれはできるかぎり他社の数字を探り出そうとしている。競争相手が上場していれば、いつもその株を購入する。それが上策というものだ。相手を知れば知るほど、各状況においてどういった行動をとればいいかの判断がしやすくなる。張り合うべきか、静観するべきか、こちらが有利か、あるいは不利か。

確かに、ある種の情報を会社は隠すことができる。個人経営なら特にそうかもしれない。ただし、おおかたの人が思うよりも隠せる情報はずっと少ない。まず、ダン&ブラッドストリート社などの企業情報を提供する会社から、容易にたくさんの情報を得ることができる。また同じ分野で競っているのなら、ちょっと知恵を働かせるだけでいくらでも相手の状況がわかる。例えば価格の変動には、たいていい何かしら理由が見つかるはずだ。もし同じ納入業者から原料を仕入れているのなら、原料費は同じだと考えられる。では人件費や間接費はどうか。他社の人件費を調べるのはそれほどむずかしくない。相手企業の従業員に直接尋ねてもいいし、その従業員の隣人に聞いてもいいし、あるいは相手企業に勤めていた人間を雇ってもいい。そして間接費。こちらが一〇ドルかけていて、相手企業二社が九ドルをかけていたとしよう。われわれがどこで一ドルを浪費しているかは、ちょっと調べればすぐに判明するだろう。

しかし肝心なのは、いくら競争相手の数字を知っていても、長い目で見た場合、業界一安い原価を実現するか、他社にないものを持つかしなければまったく意味がないということだ。結局はこのふたつの基本原則に立ち返らなくてはならない。なるほど、わが社の数字を知った競争相手はこちらより安い値段をつけるだろう。しかし、そのほかに物流を改善しなければならないし、品質を高めなければならない。結局は、製品を支える基本的な能力を問われるのだ。相手の財務状況を知っても、せいぜい短期戦略で役立つだけである。それよりも従業員に数字の読みかたを教えることで得られる効果のほうがはるかに大きい。

さらに相手企業に、自社の製品やそのコストについて知られたほうが得をする場合さえある。もしそれが原価の非常に高い複雑な製品で、しかも相手がその情報を熱心に探ってくれていれば、ほとんど願ったり叶ったりの状況だ。相手企業はその製品に安い価格をつけすぎて、利益を失うだろう。またその損失がもとで次の製品では遅れをとるかもしれない。つまり、こちらは高い値をつけて、むこうが格安値で勝利を収めるのを期待していればいいわけだ。

恐怖心2　競争相手を恐れているのか、それとも自社の従業員を恐れているのか？

悲しいことに多くの会社は競争相手を恐れてではなくて、従業員を恐れて財務情報を隠している。従業員には数字が理解できないだろうという会社の考えにも、真実がないわけではない。もし、会社に貢献するための道具として財務情報を使う方法を従業員に教えていなかったら、財務情報が会社を攻める武器として使われても不思議はないだろう。それでもわたしは、財務情報をオープンにしたほうが長い目で見れば会社は得をすると思う。数字を隠したところで従業員はあれこれ憶測するだろうし、しかもその憶測がひどく間違ったものであることも少なくない。従業員の一〇人に九人は、会社が給料や賃金に費やせる額を実際よりもはるかに高く見積もっている。望みばかり大きくて、ビジネスを理解していない。例えば、利益と売上を混同している従業員がいかに多いことか。

それゆえ、数字は共有したほうがいい。たとえ従業員の教育が途中であってもだ。こちらの考えにたいする猜疑《さいぎ》心や、経営手法にたいする不信感は、まだ残っているかもしれない。数字の意味をしっかり理解するまでは、無知で、ばかばかしい批判も出るかもしれない。だが少なくとも、会社の実情をまったく知らないときのようなとんでもない憶測——有害な行動を招きかねない憶測——は減るだろう。

恐怖心3　悪い数字のときは、何を見せればいいのか?

ある企業グループに呼ばれてカリフォルニアで講演をしたとき、印刷会社の最高経営責任者が話しかけてきた。「すっかり気に入りました。貴社の経営方法に惚れこみましたよ。ただ、会社の数字をすべて従業員に見せるというのは、わたしにはできそうもありません。うちの状態の悪さを知ったら、従業員たちはいなくなってしまうでしょうからね」

わたしはこう尋ねた。「では、いい数字だけを見せるおつもりですか?」すると、「ええ、いい数字を見せて彼らのやる気を引き出します」そこで、ふたたび尋ねた。「従業員の信頼は得ていますか？」彼は答えた。「得ていないですね」

実際には、よい数字も悪い数字も両方見せなければいけない。なぜなら、それが信頼を得る唯一の方法だからだ。そして、信頼は絶対に得ておく必要がある。なぜなら、人はいずれなんらかの失敗を犯すものだからだ。われわれは、独立した最初の年さんざん失敗を犯した。わたし個人の責任で、独立から二週間も経たないうちに最大の顧客を失った。次に、税法の理解不足から莫大な納税額を負うはめに陥った。さらにその年の途中で、ボーナス制度を中断せざるをえなくなった。一方では、給料の支払いさえ危うかった。

従業員がわれわれの失敗を我慢してそれを許してくれたのは、かつてハーヴェスター社が倒産の危機に見舞われて、われわれが工場を買い取ろうと努力していたときに、長い時間をかけて信頼関係を築きあげていたからだろう。その当時、われわれは従業員を信じ続けて、従業員にもこちらを信じてくれるよう頼み続けた。嘲笑されたり、屈辱を受けたり、あらゆる目にあったが、けっして冷静さを失わずにつねに従業員に真実を教えた。最後には従業員たちも、われわれがたいへんな困難を乗り越えようと努力していることをわかってくれた。このように、わが社の信頼関係は勝利によってではなく、逆境によって築かれたものだった。

ここが重要な点だ。よいニュースだけを伝えようとする経営者があまりに多い。好調のときと不調のときと両方があってはじめて信頼関係は築かれる。もし、いつも状況がよいように見せていたら、おとぎ話になってしまう。人生はそういうものではない。従業員だってそれは知っている。もちろん、従業員の要求をはねつける目的で絶えず状況を悪く見せていても、同じくあっという間に信用を失うだろう。人生とはそういうものでもないことを従業員は知っている。信頼を勝ち得るためには、本当の数字を示すことだ。

オープンブック・マネジメントの実践方法

ときどき、まるでオーケストラを指揮しているような気分になる。ここにバイオリン、向こうにシンバル、奥に吹奏楽器というふうに。ローレンス・ウェルクよろしく指揮棒を振っている。わたしの仕事はリズムを維持すること。計画どおり、期日どおりに業務を進めること。状況は刻々と変化するので、一筋縄ではいかない場面にも出くわす。柔軟な対応を求められ、なおかつ系統立った対応を求められる。基本は、全員が同じ得点表の上でプレーできるようにすることだ。われわれの会社では、損益計算書と貸借対照表というよく知られた財務諸表が得点表に使われる。

そういった帳簿について説明するときには、さまざまなたとえ話をまじえる。わたしはよく、貸借対照表を体温計にたとえる。それを見れば健康か健康でないかがわかる。損益計算書は、なぜそういう状態になったのか、どのような対処法があるのかを教えてくれる。例えば貸借対照表を見て熱が出たことを知る。損益計算書で熱の原因を突きとめて、熱を下げるための処置を探る。

どちらも必要だ。ふたつは互いに補完しあっている。

マネジメントの道具として使う財務諸表は、目的に合ったものでなければいけない。公認会計士が作成するような財務諸表に頼るのはよそう。公認会計士の財務諸表は、外部――監査官、税務署、銀行――が求める情報をまとめたものだ。従業員が必要としているのは、それとは少し違う。おおよその形式はいっしょで、数字の厳密さも同じだが、会社の中で何が起こっているかにもっと光が当たるよう項目をこまかく分けなくてはならない。要するに、各従業員がどのように損益計算書や貸借対照表に影響を与えているかを示すことが大切なのだ。数字を報告する際は、各従業員が数字を動かしているという点を強調したい。

具体的な手順は各ビジネスによって異なるが、以下にいくつか一般的な法則を記す。

1　損益計算書から始める。

従業員をゲームに駆りたてるのにいちばん適した道具は損益計算書だ。絶えず変化するので、原因と結果が見えやすい。会社の状態をつかめるだけでなく、従業員が収益の増減にどう貢献しているかがわかる。

2　最も費用のかかっている項目を強調する。

言うまでもなく、この項目が会社の収益性に最大の影響を及ぼす。それゆえ特に厳しく監視しなければいけない。

3 項目を小分けにして、扱いやすくする。

労働というものにはさまざまな費用がかかるという事実を、従業員に理解してもらう必要がある。例えばトラックを使う業務であれば、トラックにかかる費用を知るべきだ。販売部では旅費や接待費など、販売にかかる費用をくわしく把握しておく必要があるだろう。サービス業なら、時間帯ごとの損益をこまかく把握しなければならない。要するに、ひとつひとつの行為がどのような影響をもたらしているかがわかるよう損益計算書を作ること。

4 損益計算書をもとに、貸借対照表について教える。

実際にゲームをプレーするうえでは損益計算書が中心になるかもしれないが、本当の成績が書かれているのは貸借対照表だ――雇用は安定しているか、どれほど富が生まれているか、会社の弱点はどこか。いずれもないがしろにできない。従業員が損益計算書を理解していれば、そこでの変化が貸借対照表にどのような変化をもたらすかを教えるのはいたって簡単だ。原則は同じで、貸借対照表の項目をこまかく分けて原因と結果が見えるようにしたのが損益計算書なのだから。

何よりも、それぞれのビジネスに合った財務諸表を作ろう。衣料品のチェーン店であれば、その財務表は旅行代理店や美容室、コンサルティング会社、製鉄業の場合とはだいぶ違ったものになるだろう。とはいえ作成手順には、それほど差がない。

ＳＲＣでは、製造に関わる費用をかなりこまかく分けている。一般の損益計算書であれば、そういった費用は売上原価という項目にひとまとめにされるところだ。銀行にとっては、そのほうが便利だろう。だが製造の実情や、従業員がどこに貢献しているかは、それだけではくわしくわからない。われわれは、従業員が会社の収益にどう影響しているかを具体的に知ってもらいたいので、売上原価をさらに基本要素に分類している——原料費、人件費、間接費だ。毎週あらゆる部署が、どれくらい予算を超過するかしないかについて、ひと月単位の見通しを立てる。そして月末の決算後、一〇〇ページに及ぶ財務諸表を作成して、具体的に何が起きたのか、従業員がどこにどう貢献したのかを示す。

受付係のメモ帳にかかる費用が予算に占める割合から、クランクシャフトの磨耗《まもう》によって生じる間接費の時間ごとの金額まで、会社のほとんどすべての要素がわが社では数値化されている。原料費や間接費、業務の達成状況、適切な時間給を頻繁に割り出す一方、労務効率を一日単位で計算する——職長、グループ長、部門長、そして時間給労働者がみずから計算するのだ。数字はすべての従業員から集める。実際に鉛筆を購入した者や、洗浄液を購入した者から。毎日各自が購入費をコンピュータに打ち込んでは、標準費用表と対照させたものをプリントアウトする。これによって、そのときの購入が標準に照らして好ましいか好ましくないか——つまり、予算内かそうでないか――が判断できる。

こうしたチェックを会社全体で行なっている。日々、販売記録――誰に、何を、いくらで売ったか――を集計して、その数字を顧客ごとだけでなく、製品ごとに整理するのだ。また現場では、物の流れを管理するための「移動伝票」がすべての製品についてまわる。例えばある従業員が、一〇台のエンジンを完成したとする。エンジンは作業場から倉庫に送られ、そのときに移動伝票もいっしょに送られる。伝票には完成品であることを示す穴をあける。すべての工程が完了したら、その製品が利益を生んだか、損失を出したかについて計算する。

わが社に見学に来る人のなかには、これらを目の当たりにして少々たじろぐ向きもある。そういう人にわたしは、こうしたしくみが一夜で築かれたものでないことを念を押して言う。現在のような、従業員がつねに最新の情報を知っている体制を整えるには何年もかかっており、まだこれからも新しいものが付け加わるだろう。だが、始まりはごく単純だった。独立したてのわが社には、最高財務責任者が毎日作成する銀行提出用の報告書があった。現金、在庫、受取手形、負債などについて記した報告書だ。これを会社内部にも回覧させたところ、従業員の興味をひいた。従業員が朝、出勤すると総務に立ち寄って、「きょうの返済はいくら?」と尋ねてくる。以降、従業員に現状を報告するしくみは発展に発展を重ねた。

従業員が次々と情報を求めたことが、その発展の要因となった。ＭＢＡ（経営学修士）でなくとも、会社に何が起きているかについての興味は持てる。わが社の従業員には高校さえ卒業していない者が多い。だが、そのせいでゲームに夢中になれないということはなかった。こちらが情報を与えれば与えるほど、彼らはさらに多くを知りたがった。全体のなかのどこにいるのか、会社に何ドル分の貢献をしているのか、各工程がどれほどの利益をもたらしているのか、自分の貢献度は増しているのか減っているのか、各アイデアからどの程度の成果が生まれているのか。

そういった質問は、逆にこちらが何を従業員に伝えればいいかを教えてくれた。管理職の役割とは、従業員の知りたいという欲求を育てることだ。わが社ではさまざまな試み――ボーナス制度、毎週のミーティング、そのほか次から次へと生まれるさまざまなゲーム――を行なってその欲求をはぐくんでいる。だが、最初はあくまで基本から始めた。つまり、銀行がわが社をどう評価していて、わが社の現状がどうなっているかについて、腰を据えて従業員に説明することから始めたのである。

トイレットペーパーの費用を把握しているか?

誰もが時間尊重の経営原則を耳にしたことがあるだろう。小さなことに汗を流すな。しかし、こんな助言には間違っても従ってはならない。わが社ではすべてに汗を流している。ただし、費用を抑えるには少し工夫が必要だ。

独立後二年めの終わりまでに、予算体制は整ったが、生産に直接関係のないこまごまとした出費に悩まされていた――トイレットペーパー、ペンキ、保護眼鏡、暖房費、照明費などだ。これらいわゆる雑費はまったく管理されておらず、野放し状態だった。そこで、こう提案した。「では、雑費を項目別に分けて、それぞれの担当を職長や中間管理職に割り当てよう」各項目の担当者がその責任において、割り当てられた雑費の予算限度を決める。受け持つ範囲は所属する部署だけでなく、会社全体だ。そして、設定した予算内に抑えるべく各自でしっかり取り組む。

ポイントは、個人に雑費のオーナーシップを持たせた点だ。以前は、雑費に関わる数字は誰にも属していなかった。予算では、その他すべてという項目に押し込められていた。やがて、そのような項目の存在自体が大きな問題であったと判明する。予算にそういった項目があれば、従業員はなんでもかんでもそこへ放り込もうとする。結果、好きなように雑費が使われて膨大な出費をもたらした。

そこでわれわれは、雑費項目を紙切れに書いて、適当な容器に入れた。そして、全員を集めたうえでくじ引きを行なった。各自が引き当てた紙切れには、担当項目と予算額が記してある。例えばドン・ウッドという男に当たったのは、トイレットペーパーだった。くじ引き終了後、われわれはこう指示を出した。「これから戻ったら調査を始めて、来週のミーティングまでにこちらが書いた予算額が妥当かどうか言えるよう、準備しておくこと。もし妥当でなければ、その理由と妥当な額を提示すること」。結局、こちらの数字をそのまま採用した者も、額を下げた者も上げた者もそれぞれにいた。各自が決めた最終的な数字であるかぎり、こちらは口をはさまなかった。目標に向かって努力し、栄冠を勝ち取れるかどうか、そこからは各自の責任になるからだ。

ドン・ウッドの取り組みかたは真剣そのものだった。トイレットペーパー問題を追跡するなかで、ある意外な、しかしまぎれもない傾向に気づき始める。ふつうトイレットペーパーの消費量が週や月によって変わるとは思わないが、現実にはそうではなくて、明らかな変動パターンがあったのだ。好奇心の強いウッドは、トイレットペーパーの使用量に増減をもたらす要因を探し始める。そして、「繁忙期」ほど使用量が減るという現象を突きとめた。逆に、あまり忙しくない時期には使用量がふえていた。幹部会でウッドは図を使ってその事実を発表した。一九八三年及び一九八四年のトイレットペーパーの消費量と、その間における各月の繁忙時間を表わした図だった。彼の発表は、忙しくなるほどトイレに行く回数が減ることを完璧に証明してみせた。

この試みは、それ自体一種のエンタテインメントであったし、実際の成果も大きかった。ドン・ウッドだけでなく、ほとんどの者が雑費を予算内に抑えた。その心意気は全社的に広まっていった。そしてわれわれがボーナス制度に間接費を取り入れたのも同じ年だった。年はじめの時点で、フル稼働時の間接費は一時間当たり三九ドルかかっていた。それを三二・

五〇ドルまで下げられれば報奨金を出すという目標を掲げたところ、なんと二六・三二ドルまで削減できたのだ。浮いた間接費をそっくりそのまま利益として計上したので、飛躍的に利益が伸びて、株価は六一セントから四・〇五ドルに跳ね上がった。ドン・ウッドがトイレットペーパー指標を作成したのとこれが同じ年だったことは、単なる偶然ではないだろう。

理にかなったやりかたをする。

いっさいの直接監督的な要素を社員管理から取り除こう。怠けるな、と部下を叱りつける必要はない。収入をふやすチャンスを逃すぞ、と諭《さと》せばいいのだ。このどちらのスタイルをとるかで社員管理に決定的な差が生まれる。怒鳴りつけたり脅したりするのではなくて、目の前のチャンスを教えてやるという接しかたもあるはずだ。そうすれば、嘘をついたり、そそのかしたりせずに、従業員のやる気を引き出せる。現実を発奮材料に使うことこそ肝要である。

6 標準を定めよう

一部の組織では数字が毛嫌いされている。利用のされかたを見ると、それも無理はない。なにしろほとんどの企業において、数字は懲罰の目的に、つまり監督し、威圧し、支配するための道具として使われているからだ。建設的な目的には——生産性向上の大切さを従業員に教える道具としては——使われていない。

成功のカギは、数字を生んでいる人々に数字のなんたるかを理解させることだ。そうすることで、組織の上下のあいだに、驚くほどの意思の疎通が生まれる。

しかし、そういった望ましい意思の疎通は、従業員にただ数字をつきつけるだけでは生まれない。理解しやすくて興味深い形に変える必要がある。数字に生命《いのち》を吹きこむのだ。事業のおよそどんな側面も——棚卸資産回転率から、従業員ひとり当たりの売上高、業務の安全性、郵送費、生産性、顧客ひとり当たりとの通話時間、光熱費に至るまで——ことごとく数値で表わすことができる。重要なのは、その数値を正しく算出できるか、きちんと理解できるか、うまく利用することができるか、ということだ。そこで標準が必要になる。

標準とは、各項目において目指すべき値《あたい》のことである。この値は比率や割合で表されるかもしれないし、一定期間内の絶対数かもしれない。数字の性質は算出項目によって変わってくる。安全性を測定したければ、事故の発生頻度とその大きさに目を向ければいい。顧客の支払い状況を把握したいなら、未回収期間の平均（売掛金の回収が滞っている期間の平均）に注目する。だが、どんな項目であれ、成績を判定するために照らし合わせる数字がなくてはならない。その数字が標準である。懸命に働けば達成できる水準、すなわちベンチマーク（評価基準）なのだ。いや、固定された不変の数値ではないのだから、「目標値《ターゲット》」と呼ぶほうがふさわしいだろう。標準は、千変万化する事業環境とのたえざる戦いの一要素であり、従業員の能力をフルに引き出すための道具だ。したがって、一歩前進するたびに、あるいは周囲の状況が変わるたびに、変えることが望ましい。

標準のなかでもとくに重要なのは、収益をあげて資産を作る能力に対して、大きな影響を及ぼす標準だ。これがなんであるかは営む事業の内容によってほぼ決まる。例えば、われわれのような製造業では、人件費と間接費が利益を大きく左右するので、労働能率と製造間接費配賦率の標準を定めることが欠かせない。いっぽう、衣料品のチェーンの場合は、売り場面積当たりの売上高や棚卸資産回転率を見て、人材や資本を効率的に利用しているか否かを判断する。また、コンサルティング業や専門サービス業であれば費用請求可能時間数を、ホテルなら客室稼働率を重視するはずだ。

さらに言うと、ひとつの会社のなかでも職務内容の異なる従業員ごとに、その支配力の及ぶ要素を反映した固有の標準を用意しなくてはならない。倉庫を管理する人間は、現在の自社製品が過去のそれや業界の一般水準に比べて品質が良いか悪いかにも興味はあるだろうが、それより何より、棚卸表の精度と棚卸資産回転率が、自己の標準に達しているかどうかを気にかける。また、営業部門の人間は、売上高に占める販売費の割合や粗利の標準を欲しがるし、仕入れ担当者は材料費に強い関心を寄せるはずだ。標準の数や種類は人によって、あるいは職務内容によってまちまちだが、従業員の誰もが毎日、毎週、毎月自分が行なっていることの良し悪しを測るなんらかの手段を必要とする。

考えられる標準をいちいちあげていったら、それこそきりがない。従業員ひとりひとりについて独自の標準を作れるぐらいだ。グレートゲーム・オブ・ビジネスに本気で取り組めば、いやでも長年のあいだに途方もない数の標準ができあがる。しかし、最初にはりきりすぎてはならない。

まず、ふたつか三つの標準――例えば、売上高に関する標準と生産性に関する標準――でゲームを始めて、そこから少しずつふやしていこう。肝心なのは、業務の一側面に光を当てることだ。標準はゲームをより円滑に、よりおもしろくする。標準があれば、従業員は収益をあげて資産を作り出す過程に自分がどれだけ貢献しているかを難なく判定できるからだ。

オープンブック・マネジメントにとって標準は、会社の現状を把握して管理するために、また従業員に数字恐怖症を克服させて、その数値をコントロールする力を持たせるために、欠くことのできない手段なのである。

この種の数字は、何百万という野球ファンが、ひいきの打者の打率やひいきの投手の防御率を知りたいときに行なう計算と同じで、複雑でもないし、恐れる対象でもない。

ところがビジネスでは、ルールがわからないので誰も計算を行なおうとしない。標準は、そのルールを従業員に教える足がかりだ。標準を設ければ、仕事において四割の打率や、一シーズン六〇本のホームランや、五六試合連続ヒットや、防御率一・〇〇未満に相当する成績がなんであるかを示せる。と同時に、従業員に目標を与えることにもなる。やる気を促して彼らをゲームに引きずりこむわけだ。

数字はチームを作る

何よりも重要なのは、こういった数字によって、全員が同じゲームに参加できることだ。従業員は得点を知るための方法をつねに求めている。それが提供されない場合は、みずから作り出す。ハーヴェスター社では、ベテランの職長が次のようなやりかたで、自分なりのささやかな損益計算を行なっていた。朝早く工場に来て、作業場を歩きまわり、在庫を数えて、機械の調子を確認する。それからタイムレコーダーのそばに立って出勤者数を確認したのち、席に戻り、その場限りの損益計算を行なう。

おそらくほとんどの従業員が、優先事項を確認して効率的に仕事を進めるために、独自の大ざっぱな会計システムを編み出しているだろう。問題は、めいめいが別々の方向へ進んでしまうことだ。だからこそ、全員が現状を認識できるような標準を設けなくてはならないのである。そうすれば、なんらかの支障が生じたときに全従業員がそれを察知して、対応策を講じることができる。

では、標準を設けて活用するにはどうすればいいのか。標的を選んで目標値を定め、それを追求すればいい。設定した理由を説明できさえすれば、およそどんな目標でもうまくいく。正しい道はひとつではない。第六感であれ、業界特有の要因であれ、最も効果がありそうな指針を用いて妥当と思われる数字を導き出す。過ちを犯すことを恐れてはならない。おかしいと思ったら、みなで議論すればいい。標準を定めるということは、たゆみなく続く共同作業なのだ。従業員どうしの討議を促して意見交換させる。そうするうちに、正しい答えが見えてくるだろう。とにかく足を踏み出し、くじけずに歩き続けて失敗から学ぼう。かくいうわたしも失敗に次ぐ失敗を繰り返してきた。それを踏まえて、標準の定めかたや用いかたに関し、いくつかの助言を与えたい。

助言1　会社の命運を左右する数字を知ろう。

どの会社にも、必ず存在するこの数字。いついかなる状況においても、現在の業績や将来の発展に最大の影響を及ぼす数字があるのだ。それがなんであるかは、事業内容や景気の動向、業界の勢力図、会社の財務状況などさまざまな要素によって変わってくる。会社の命運を左右する数字は、売上高に関わるものかもしれないし、現金収支、品質、人材の採用、営業費に関わるものかもしれない。そして、経営陣がその存在に気づいていようといまいと、その数字いかんで、会社が繁栄するか倒産するかが決まるのだ。成功を収めたいなら、いや、ただ生き残りたいだけであっても、この数字を悪化させてはならない。したがって、その正体を見きわめて目標となる標準値を設けることは、死活問題だと言える。

幸いにも、自社の事業にそこそこ通じてさえいれば、命運を左右する数字をつきとめるのに苦労することはまずない。夜眠れないときに何が気になっているのかを考えてみればいい。いやそれよりも、何が気がかりで夜眠れなくなるのかを、従業員に尋ねてみよう。景気後退期には、みながみな売上のことを心配しながらベッドに横たわっているはずだ。その場合は十中八九、売上に関わる項目に会社の命運を左右する数字がある。あるいは人材派遣業を営んでいて、業界での競争が過熱しているとする。その場合は、優秀な人材の確保に関わる数字になる。また、会社に大きな変化が起きて、業務の一側面だけがひときわ重要性を帯びることもある。

例えばクローガーというスーパーマーケットのチェーンが上場を停止したとき、巨額の負債を抱えていた。借入額が大きいと、どんな会社でも現金が何よりも重要になってくる。そこでこの会社は各店長すべてに大量の株を与えたうえで、株価を上昇させたくば、くれぐれも現金に注意しろと告げた。店長たちはかつてないほどの頑張りをみせた。在庫を減らして、設備投資を控え、仕入れ条件を交渉し、受取金をすみやかに銀行口座へ預け入れたのだ。やがて現金が潤沢になるにつれ、借入金が返済されて、株価は天井をついた。

分離独立後のわが社も似たような状況にあったが、われわれは初めから一貫して、どんな状態でも会社の命運を左右する項目、すなわち「売上原価」に注目してきた。わが社では、ほぼすべての労働がその項目に集約されるからだ。会社の現状を知りたいなら、損益計算書の売上原価欄に影響を及ぼすありとあらゆる要素に目を向けて、その変動をことごとく把握しなくてはならない。また、状況が突然変わって、命運を左右する数字がもうひとつ浮上するかもしれない。例えば、ある時期には販売が好調すぎて、新たに入ってくる注文をさばくのに苦労した。そんなときには特に現金にたいする注意が必要だ。売れるだけ売って売掛金の回収が滞っていたりすると、資金繰りが行き詰まりかねない。

助言2　標準原価計算システムを確立しよう。

命運を左右する数字は、遅かれ早かれ原価に関わってくるだろうから、そうなるまでに標準原価計算システムを作り上げておいたほうがいい。自社の原価が市場にマッチしているか、高すぎて競争力を損なっていないかを確かめる唯一の手段だからだ。なんと言っても商売で収益をあげる方法は、業界一原価を下げるか、他社にない強みを持つか、どちらかに限られている。たとえ後者を追求するとしても、よほどの愚か者でないかぎり原価を抑えようと努力する。その原価抑制を効果的に行なうには、事業におけるあらゆる要素の適正原価をはじき出す標準原価計算システムが必要だ。これがないと、従業員は何をすべきかがわからず、原価をコントロールできない。それどころか、原価が高すぎると言われても、おそらく信じないだろう。そういう従業員にたいしてビジネスの基本原則を追求する方法、すなわち収益をあげて資産を作る方法を教え込むのは、ほとんど不可能に近い。

SRCに来た当初、わたしはこういった問題にことごとくぶち当たった。採算のとれない製品がいくつか見受けられたが、標準原価計算システムがないせいで、現場の人間を納得させるのに手こずった。例えば、トランスミッション部門のデニース・ブレッドフェルト。彼女は自分の仕事に心から誇りをもっていて、品質の高い製品を作っていた。ところが採算面には疎《うと》く、利益をあげていないと言われても信じようとしなかった。わたしが、製造指図書を見れば原価が売価とたいして変わらないことはわかるはずだと言うと、さすがに仰天したらしい。社員食堂で長時間ねばり、数字を何度も見返して、なんとか理解しようと努めた。そしてついに、使用部品を減らしてちょっとした修正をいくつか施せば、採算がとれることを突きとめたのである。

結局、部品がどんどん値上がりしてトランスミッション部門で利益を出すことが不可能になってしまい、やがて生産を中止することになったが、この経験はわたしにとっていい勉強になった。彼女のような人間は現場に大勢いるにちがいないこと、すべての製品を徹底的に分析して、製品ごとに材料費、人件費、間接費をはじき出す必要があることに気づいたからだ。そこで五人の人間を選んでチームを組ませ、一年かけて全工程の費用を算出させた。

これは気の遠くなる作業だが、意味のある標準原価計算システムを確立したければ避けて通ることはできない。わたしに言わせると、ほとんどの会社は標準ならぬ平均原価計算を用いている。つまり、前年の支出を調べて、それを原価として設定しているのだ。このシステムでは厳密な数字の算出はおぼつかないし、目標値も定められない。過去の仕事のやりかたが非効率的で、無駄な支出があった場合、その金額も問題点も欠陥もひっくるめてシステムに組みこまれてしまうからだ。

こういう原価計算は非効率を容認するばかりか、奨励すらしているので、生産性の改善を著しく妨げてしまう。改善を成し遂げたいなら、過去にいくら使ったかだけでなく、いくら使うのが適正かを知る必要があるのだ。つまり全製品をつぶさに調べて、部品のひとつひとつ、工程や業務のひとつひとつを検分し、各要素に小分けしたうえで、それぞれについて標準原価を割り出さなくてはならない。

確かに時間と労力はかかるだろうが、一般に思われているほどむずかしい作業でも、ややこしい作業でもない。わが社ほど商品が標準化されていない業種——例えばグラフィックデザイン会社、出版社、コンサルティング会社など——であっても、その業務には必ず原価が関わってくる。広告宣伝活動ひとつとってみても、形態はさまざまだが基本要素は共通していて、そのすべてに費用がかかる。

早い話がビジネスとは、限られた資源（時間、人材、原材料、エネルギーその他もろもろ）を費やして、顧客が金を払いたがる製品やサービスを生み出すことだ。どんなビジネスにしろ、それらの資源にどれだけのコストをかけられるかをあらかじめ知っておけば、困難にぶつかる可能性を大幅に減らせる。標準原価計算システムを築く目的は、そこにある。自社の業務をことこまかに調べて適正な原価を算出しよう。商品が標準化されているかどうかは関係ない。肝心なのは、それなりの確信をもって従業員に「いいかね、この原価水準で営業しないと、仕事を失うことになるんだよ」と言えることなのだ。

原価の標準を定めるためのチェックリスト

●今後一二カ月のあいだに、原価に影響を及ぼすようなことが起きそうか。
●原価の合理性を裏付けるような外部情報（業界団体のデータや、競争賃金調査報告など）を見落としていないか。
●仕入れ量は適切か。仕入れ業者の選定は間違っていないか。ほかの業者をあたったか。
●業務のひとつひとつは本当に必要なものか。省略した場合どうなるか。
●原価削減について、従業員が意見を出せるようなしくみを作っているか。原価の削減過程に加わっているという意識が従業員にあるか。
●何よりも重要なことだが、従業員は定められた標準を受け入れるだろうか。標準の是非について忌憚《きたん》なく議論する機会を与えられてきたか。従業員は標準を自分たちのものと考えているか。オーナーたる自覚はここから始まる。従業員は、標準を持っているか。

社長に二七セントの価値があるか。

あなたが大企業の一事業部に属している場合は、標準原価システムがことさら重要になる。というのも、たぶん事業部の力で変えられるのは操業費だけだからだ。分離独立前のわれわれの状況がそうだった。営業、マーケティング、経理、一般管理にかかる費用という名目で、出荷額一ドルにつき二七セントを本社に徴収されていた。その数字に確たる根拠はない。正直なところ、本社からの支援など微々たるものなので、ばかばかしく思えた。だが、その条件でなんとかやっていくほかない。

この二七パーセントに、利益および税金分として一三パーセントを上乗せしなくてはならないので、合わせて四〇パーセントの粗利を確保する必要があった。つまり製造に関わる費用（材料費、人件費ほか諸経費）を、出荷額一ドルにつき六〇セント以下に抑えなくてはならない。これを実現するために、われわれは製造原価に関わる教育を徹底し、従業員に原価を低く抑える努力をさせた。標準原価計算システムがあったからこそ、できたことだ。

目標値をいくつか定め、しじゅう現状把握に努めていたおかげで、われわれはなんとかやりとげた。あなたもそうしなくてはならない。適正な原価を知って初めて、事業が好調か、不調か、可もなく不可もない状態かを判断できる。やがてあなたは、各製品について知るべきことはすべて知りたい、可能なかぎりの防御力を身につけて誰にも負かされず、誰にも潰されないようになりたいと思い始めるだろう。その最初の一歩が、標準原価計算システムの確立なのだ。

助言3　数字の背後にある現実を知れ。

有効な標準を定めるには、労力のほかに創造性と想像力が必要となる。数値化の技術は応用がきくし、何かを数値化すればするほどそれに対処しやすくなるので、この技術を習得する価値は大いにある。だがその前に、数字の背後にある現実を読み取れなくてはならない。これらの数字が本当に意味するものは何か、どんな行為がこれらの数字をもたらしたのか、これらの数字を変えるには何を変えればいいのか、といったことを見抜く目をもつ必要がある。

一見してすぐに本質がわかる事象はめったにない。仮に小売店をチェーン展開していて、ある店舗の在庫回転率が、ほかの店に比べてはるかに低かったとする。どうやらこの店では動きの鈍い在庫のせいで、現金の流動性が悪化しているらしい。重要なのは、それはなぜかということだ。問題をもたらしている要因はなんだろう。店長が未熟なせいか。不注意なのか。ずぼらなのか。市場の動向を知らないのか。仕入れをこまめに行なっていないのか。在庫の推移や適正在庫量を把握するための効果的なシステムはあるのか。店長はそれを利用しているのか。また、この店では客単価も著しく低い。これは品ぞろえがよくないせいだろうか。立地が悪いのか。商品の並べかたが悪いのか。接客指導が不足しているのか。指導法が悪いのか。店員のやる気を引き出す努力が足りないのか……。

役に立つ標準を定めるには、これらの仮定をほぼ検討しなくてはならない。まず現場で何が行なわれているのか、従業員がどんなふうに仕事に取り組んでいるのかを把握したうえで、共通目標の達成にそれぞれの従業員がどれだけ貢献したかを測る手段を確立する。いわば、具体的な事象から抽象的な数字を生み出すのだ。

大切なのは、従業員を混乱させたり惑わせたり、曖昧なメッセージを伝えたりしないこと。彼らがはっきり理解できて自然に受け入れられるような標準が、何よりも望ましい。そういう標準は全員に絶えず意識され、日常の何気ない話題として口にされる。それによって、おのずと現場のようすもわかるのだ。

ここでまた、野球にたとえてみる。打率というものは、野球をよく知らない人にはわけのわからない数字かもしれない。しかし、選手はその数字の意味するところをたちどころに理解する。わずか四分七厘なら、不振に陥っている証拠だ。逆に四割を超えていれば絶好調。打率によって自分の状態がわかるし、改善すべき点があるかどうかも判断できる。

★注意事項――いかなる数字も鵜呑《うの》みにするな。
数字は神秘的でもなければ神聖でもない。その背後にある現実を知る手がかりとして、重要なだけだ。数字を効果的に用いるには、現実を知る努力を、抽象的な数字から具体的な事象を学びとる努力を怠ってはならない。収益性が高いにもかかわらず、決算書の数字の背後にある現実を見逃したせいで、実に多くの会社が倒産している。棚卸資産や売掛金が多すぎると、現金が不足して債権者への支払いができないのだ。

どうやって打率を求めるのか

いかなるビジネスにも、打率に相当するものが存在する。当社にもいくつかある。なかでも重要なのは、製造間接費配賦率だ。この数字は、現場の人々が作業時間、すなわち製品を作っている時間（休憩や清掃、打ち合わせなどに費やした時間は含まれない）に応じて回収すなわち「負担」すべき間接費を決めるものだ。われわれは毎年、予算として計上される間接費すべてを足し合わせて、生産目標の達成に必要な作業時間数で割る。こうして配賦率を算出することによって、年次計画を実施する際に、時間当たりの間接費をいくらに設定すべきかがわかるのだ。

よその経営者たちは、わたしがこの方法を説明してもなかなか納得しない。どうやら、うちの従業員が間接費の配賦について知っていること、あるいはこれを気にかけていることが信じられないらしい。そこでわたしは、ＳＲＣに来て作業現場を見学してくださいと言う。誰もが間接費配賦率を理解しているからと。

なぜ理解しているのか。間接費配賦率は、利益をふやしてボーナスを稼ぐために最大限の努力を払っているか否かをてっとり早く判断する標準だからだ。配賦率に実際の作業時間を乗じれば、間接費を回収できるだけの生産高をあげているかどうかがわかる。つまり、負担した間接費の額がわかるのだ。間接費を負担しきっていない場合、その差額分だけ利益が減り、ひいてはボーナスも減って、当然ながら株価も下がる。

わが社の従業員はゲームのルールに従って間接費配賦率を気にかけているが、これは標準を設定する際に欠かせない条件だ。誰も気にしなければ、標準を設けても意味がない。優れた標準を設ければ設けるほど、経営陣は従業員の関心を引くためにあれこれ知恵をしぼることになる。

あなたが変化をもたらしたかどうかを測る方法

ビジネスにとって大切な要素は、すべて数値化に値する。そして、変化をもたらしているという実感が得られる環境を作ることほど大切な要素はない。何かを変えている手応えがあってこそ、仕事にやりがいを感じられるものだ。

　では、従業員がその種の手応えを覚えているか否かをどうやって測るのか。ひとつの目安として、社会奉仕への貢献度があげられる。これによって社内の士気のほどがわかる。つまり業務や、会社や、あなたの作った環境について、従業員がどう感じているかが示されるのだ。

　われわれは常日ごろから、慈善団体ユナイテッドウェイにたいして多額の寄付を行なっている。町じゅうのどの会社よりも、従業員ひとり当たりの献金額が高い。なぜか。みな自分たちは最高だと感じているからだ。そのおかげで自負心と誇りを抱き、勝者の輝きを放っている。慈善団体から実績表が届いて自社の順位が判明したとき、経営者は自分のことを大した人間だと思うだろう。少なくとも社会奉仕という分野では、変化をもたらすことができたのだから。では、これをもって現場がうまく機能していると判断してもいいのか。そう簡単にはいかないのがつらいところだ。

助言4　標準の設定に役立つ情報源を見つけだそう。

どんなビジネスにもベンチマークや標準がある。そしてたぶん、それらは誰かによってすでに算出されていて、探す気になればたいていは見つかるはずだ。仮に、新規事業を始めるにあたって、労災保険に加入しなくてはならないとする。すると安全性を測るものさしが必要になってくる。実を言うと、政府が安全性の算出法を確立しており、保険会社はそれを使って保険料を設定している。あなたもこの算出法を用いて自社の安全性を把握して、独自のベンチマークを定めよう。安全性を向上させればさせるほど保険料は低くなる。また、この算出法を用いて安全性が間接費に少なからぬ影響を与えること、安全性の改善によって間接費が下がることを従業員に示そう。

標準を定める作業は、試行錯誤の積み重ねだ。必要な標準の種類や設定する数値を、つねに見直そう。手がかりはあちこちに転がっている。例えば、設備や原材料の納入業者から話を聞く。仕入れ先の担当者すべてにあたって非公式の調査を行なう。業界団体に加入する。わが社は約二〇の業界団体に加わっていて、自らが行なっている事業のあらゆる側面に目配りするだけでなく、積極的に活動している。たくさんの情報を与え、ひきかえにたくさんの情報を得て、それをもとに標準を見直している。

また一流企業を、それも同業者を研究すれば、じつに多くのことが学べる。業績の抜きん出ている企業、つまり業界の覇者が、何をものさしにしているのかを探ろう。率直に尋ねてみるのだ。その企業に手紙を出す。電話をかける。重役たちがどの会合に出席するのかを訊いて、そこに出かける。重役のひとりが講演を行なうと聞いたら会場に出向き、終了後に当人をつかまえて質問をする。直接の商売敵でなければ、たいていは快く答えてくれる。商売敵であっても、情報交換に応じてくれることは多い。あるいは、その企業をじかに訪ねてみる。自分の目で見て、肌で感じて、耳で確かめるのだ。従業員が何交代制で何時間働き、どんな工夫を凝らしているのかを探りだそう。社長に面会を申し込む必要はない。清掃員と話をすればこと足りる。

納入業者は絶好の情報源になる。独立当初、われわれは彼らを工場に招いて各工程を説明した。ベアリングの設置を説明するのに、現場でそれを作っている人間ほどくわしい者はいない。おかげで説明の間に、標準やベンチマークを定める手がかりがいくつか得られた。また、納入業者との緊張も和らげられた。よくある「敵味方」意識を払拭できたのだ。これができれば、しめたもの。納入業者をパートナーと見なして大切にしよう。

新製品に関する標準をどうやって確立したか

一九八五年に、われわれが自動車用エンジンの修理・再生会社を立ち上げたとき、まず行なったのは世界一の自動車用品修理業者を見つけることだった。あちこちの工作機械業者にこう尋ねた。「自動車用エンジン修理作業がずば抜けて速いのはどの業者で、どのくらい速いのか」

いくつかの業者が「ミネソタのディーラーズという会社で、エンジンひとつにつき一〇時間だ」と教えてくれた。そこで、ディーラーズがなぜそんなに速くエンジンを再生できるのかを探ることにした。どんな設備を使っているのか、間接費配賦率はどのくらいか、どの程度の賃金を従業員に支払っているのか……。

手はじめにディーラーズに電話をかけてみると、別の州に移転していた。なんでも、ミネソタの工場では労働組合の力が強いせいで、組立工に一四ドルの時給を支払っていたという。これを聞いてすぐに、一〇時間の標準が設けられていた理由がわかった。そうするしか高い直接労務費を埋め合わせる方法がないのだ。組立作業に膨大な費用がかかるなら、最も効率的な工程を確立して、作業時間数を切り詰めるほかない。この事実を知って、われわれは大いに勇気づけられた。われわれの工場は、時給相場が四ドル五〇セントの地域にある。その時給を払って一〇時間でエンジンを組み立てられるようになれば、業界で不動の地位を築けるだろう。ゆくゆくは時給を一〇ドルに引き上げて、従業員に安定した生活を提供できるはずだ。

そういう心づもりで、われわれはやってきた。一流の会社を探しだし、一〇時間の標準を定めてこれを目指した。結局、達成できなかったので一二時間に修正し、のちに一一時間に引き下げた。そして、およそ六ドル五〇セントの時給を支払い、ボーナスを支給した。販売部の人間は、当社の製品価格はどれも業界一安いと言う。しかも当社は実にさまざまな製品を作っている。

◆キーポイント◆数字は指導者の代わりにはならない。大切なのは、これをどう利用するかである。

数字にこだわるあまり、人的要因をなおざりにしてはならない。数字はあくまで従業員の貢献度を高めるための手段だ。もし数字を用いたせいで、従業員が貢献したがらない、あるいは貢献できない環境が生まれるなら、はなから用いないほうがいい。

標準が従業員の能力を引き出すしくみ

数年前、燃料噴射ポンプ事業の顧客を商売敵に奪いとられそうになった。きっかけは、主要取引先の仕入れ担当者が交代したこと。商売敵がすかさず新しい担当者のもとを訪れて、われわれよりも低い価格でポンプを提供すると持ちかけたのだ。いいところに目をつけたものだ。新しい担当者は社内の評価を上げたがっていたし、経費節減はその目的にうってつけだった。そこで彼はわたしにこう告げた。「いいかね、わたしに選択の余地はない。おたくが六パーセント値下げしないかぎり、あちらと契約することになる。三カ月の猶予をやるから、そのレベルまで価格を落としてくれ」

六パーセントも値下げしては、儲けが出るか出ないかの瀬戸際に立ってしまうことになる。なぜ商売敵がその価格で利益を出せるのか不思議でならなかった。たまたま、われわれはその会社の株を所有していた。そこで財務状況を調べたところ、桁はずれの借り入れをしていることがわかった。なんと売上高一億ドルの企業なのに、五六〇〇万ドルもの借入金があったのだ。これほど多額の借り入れを行なっていては、いかに非公開企業といえど隠し通せるものではない。必ずや外部に情報が漏れる。また労働組合を通じて、賃金をいくら払っているのかもわかった。さらに言うと、われわれの作業時間は常識はずれではないし、製品価格も市場相場からはずれていなかった。

この会社が顧客を金で買おうとしているのは明らかだった。製品の販売で出た赤字を、借入金で補塡《ほてん》しているのだ。狙いははっきりしている。赤字覚悟で契約を取りつけて、われわれを市場から締め出し、しかるのちに価格を上げるつもりにちがいない。われわれは仕入れ担当者にそういったことを残らず説明した。道義心ほかさまざまな感情に訴えた。だが、少なくとも短期的には会社の支出を抑えられるので、彼はあくまで値下げを要求した。こうなってはもう、経費節減の道を探るしかない。

そこでわたしは燃料噴射ポンプの工場を訪れて、会社が陥っている窮状を説明した。ポンプ一台の価格は約二〇〇ドル。六パーセントの値下げを実現するには、一台につき一二ドルの経費を節減しなくてはならない。「どうやったら、これだけの経費が節減できるのか見当がつかないが、やらなければ契約を打ち切られ、結果として何人かが職を失うことになる」とわたしは言い、商売敵の会長の写真と、その財務諸表のコピーを壁に貼りつけた。「きみたちの職を奪おうとしているのは、この男だ。残念ながらわたしはそれを阻止できない。できることはすべて試してみたが、だめだった。今となっては、きみたちだけが頼りだ」とは言ってみたものの、奇跡でも起こらないかぎり、この契約は救えないだろうと思った。

ポンプ工場の作業員たちは、驚くべき機動力を発揮した。特別チームを組んで、目標を掲げた。ここで五セント、あそこで一〇セント節約できるはずだと議論し合った。設備を見直した。材料費をひとつひとつ検討した。またある納入業者に対して、エースハードウェア社は同じものをはるかに低い価格で提供しているのに、おたくはどうしてこんなに高い代金を請求するのかと詰め寄った。毎日、節減額を壁に掲示した……。三カ月の期限が到来したとき、彼らはポンプ一台につき四〇ドルの経費を切り詰めていた——じつに二〇パーセントの経費節減だ。

夢にも思わなかった成果に、このときばかりはわたしも心から驚いた。世界じゅうを探したって、彼らと同じことをやってのける技師はひとりもいまい。それを現場の作業員だけで達成したのだ。興味深いことに、当社が顧客に一〇パーセントの値引きを行ない、それが市場価格に反映されて全体の販売量がふえた結果、雇用もふえた。つまり、従業員は一連の経済循環を身をもって体験したわけだ。商売敵はというと、契約をひとつ失いはしたが、いまだ健在で、われわれを虎視眈々と狙っている。

教訓：従業員に現実を知らせるには、標準が必要だ。裏付けのない願望や目標だけで現実に直面させることはできない。従業員に戦略を与えて、彼らを導く必要がある。目標が達成可

能であることを説明して、その方法を示そう。ただし燃料噴射ポンプのケースのような、数字ではどうにもならない状況に陥った場合は別だ。奇跡を祈るしかない。確かに、ときには奇跡が起きるものだが、それでも従業員教育は徹底しておいたほうがいい。当社にしても、ポンプ工場の作業員たちがあらかじめ標準について学んでいなかったら、成功は望めなかっただろう。

助言5　数字の背後にある物語を示そう。

標準をいくつか設けたら、今度はその利用法だ。標準をどう用いればいいのか。いやもっと重要なのは、どうやったらほかの人間に用いさせられるか。どうすれば数字恐怖症を払拭できるのか。標準を、従業員が貢献度を高めるために利用できる手段にするには、どうすればいいのか。言いかえると、標準についての教育を施すにはどうすればいいのだろう。

日ごろの経験から言うと、最も効果的な方法は物語を語ることだ。標準を設ければ、数字を用いて、社内で何が起こっているのか、どうすれば変革をもたらせるのかを説明できる。さまざまな問題を、その問題に取り組むことのできる人々——いや取り組まなくてはならない人々に、はっきり示すことができる。ひとたび標準を理解した従業員は、それが満たされていない場合、なんらかの対策を求める。対策を講じなければ利益をあげられないか、現金が足りなくなることを知っているからだ。そういう状況に陥ったら、またひとつ語られるべき物語ができてしまう。

財務諸表の数字それぞれに物語が隠されている。逃した機会、思いがけない問題、解明されていない謎、ありとあらゆる長所や短所……。毎週開かれる幹部会は、そういった物語でいっぱいだ。幹部会で語り尽くされた物語は、各部門のフォローアップ会議で全員に報告される。こうしてわれわれは数字に意味を与え、生命《いのち》を吹きこむ。数字を使いながら物語を伝えれば、従業員を怯えさえたり萎縮させたりせずに教育できる。数字が何から生まれるのか、どんな意味を持っているのかを示せる。従業員に、みずから社内に変革をもたらして、みずからの運命を決するのだとわからせることができる。このゲームは彼らのものだ。

例えば、ある新任の工場長の場合、二カ月続けて製造間接費配賦の目標額を四万五〇〇〇ドル下まわった。幹部会で月間二七万ドルの間接費を負担すると宣言したのに、二二万五〇〇〇ドルの実績しかあげられない。全員が「残りの四万五〇〇〇ドルはどうなった?」と尋ねた。翌月の会議でも、同じことが起きた。そこで財務責任者が査察したところ、間違った方法で配賦率が計算されていることが判明した。正しい計算法を教わった工場長は、シリンダーヘッドの製造に時間がかかりすぎているせいで、標準を達成できないことをつきとめた。四時間で製造すべきなのに七時間かかっている。なぜか。作業員がみな新人だったからだ。なぜか。この工場長がシリンダーヘッド担当の作業員たちを別の部門に異動させていたからだった。

いたるところで連鎖反応が生じていた。シリンダーヘッド部門で人員が余っていたわけではないので、四部門の作業員が総入れ替えされて、一から工程を覚えるはめになった。おかげで工場は標準を満たせず、従業員はボーナスを逃した。とどのつまり、彼らはゲームを理解していなかったのだ。ルールを知っていたなら、シリンダーヘッド部門の作業員を動かしてはならないことがわかっただろう。

そういった物語を語ることで、われわれは数字恐怖症を払拭し、貢献度を高めるための道具を従業員に与えている。

助言6　逆境に利益を見出そう。

敗者を勝者に変えたときは必ず二倍の見返りが得られる。仮に、ある部門で五〇万ドルの赤字を生んでいたが、解決策を見つけて五〇万ドルの黒字に変えたとする。勝ち取った額は五〇万ドルではなく一〇〇万ドルだ。怪我の出血を止めて治療を施せば、報酬は二倍になる。

財務諸表を見て赤字の部門を探すだけで、利益をふやす機会が見つかる。間接費配賦の標準を四万五〇〇〇ドル下まわっていた工場を例にとってみる。その工場では、ひとり一時間当たり二〇ドルの間接費で操業していたので、二二五〇時間分の損失があったことになる。作業員ひとり当たりの月平均労働時間は、およそ一七三時間。したがって問題になるのは一三人分の労働だ。

成績のかんばしくない作業員一三人を選んで、標準を達成させよう。そうすれば、ほかの作業員も仕事ぶりを改めるだろうから、四万五〇〇〇ドル以上の見返りが得られる。

★七番めの高次の法則
底辺を引き上げれば、おのずと頂点も上がる。

従業員に自分の手で問題を解決させよう。問題が悪化したときに、どうすべきかを告げるのはいつでもできる。だが、それでは型にはまった反応しか期待できない。創造性を生み出すことなどとうてい無理な話だ。とすれば、解決策を示すことになんの得があろう。従業員みずから解決策を思いつける環境を作るほうが、はるかに意義がある。そして標準は、解決策を探るための道具なのだ。

ベンチマークは業績を好転させる

二八歳のとき、わたしはメルローズパーク工場のクランクケース・シリンダーヘッド部門の責任者となった。四つの部署からなるその部門は、工場内の七製造部門中、成績が最下位だった。人員はおよそ五〇〇人。部門長たるわたしの下に、五人の職長がいた。みな五〇代後半で、それぞれが工場開設時に部門長の座を約束されていたらしい。だから代わりにわたしがその座についたとき、彼らの心中はいかばかりだったか……。わたしはというと、ひたすら怯えていた。

毎週金曜日の定例会議では、工場長が報告書を振りかざして、もっと生産性を上げろとわれわれ部門長を怒鳴りつけた。報告書には各部門の生産性が記されていて、わが部門はいつも最下位だった。やがてわたしは、今後もこの報告書が重要視されるのなら、その出どころをつきとめてやろうと思いたった。あちこち尋ねまわった結果、作業員が毎日記入する小さなカードをもとに報告書が作成されることがわかった。そこで集計担当者のところへ行き、「この情報を毎日手に入れることはできませんかね？」と尋ねた。彼は「ああ、かまわないよ」と答えて、三交代の勤務時間帯ごとの実績や、ほかの部門との比較が記された日報を渡してくれるようになった。

わたしは毎朝受けとる日報の抄録を、職長たちの目につく場所に置いておいた。彼らはしばらく目もくれなかったが、やがて関心を払うようになり、ついにひとりが、もっとくわしい報告書を見せてほしいと言ってきた。各作業員の生産性がカードからそっくり転記されているのを見て、職長たちは「こいつは、たまげた」と言った。こうして望んでいたきっかけが訪れた。

職長たちが日報に目を通すようになると、ちょっとした競争が始まった。わたしはささやかな賞品を用意した。やがて最下位を脱出し、職長たちは奮いたった。そこでわたしは生産技術者に命じて、各職長がこれまでに達成した最高記録を調べさせた。当部門では、ひとり八時間当たり四二ドルの生産高で操業していたが、ある日、ひとりの職長が六二ドルの実績をあげた。わたしはその数字を彼のベンチマークに定めて、こう告げた。「いいですか、この数字をまた達成したら、あなたの部署の全員にコーヒーをおごりますよ。二回めはコーヒーとドーナツをおごるし、三回めに達成したときは、わが家でピザを食べながらポーカーでもやりましょう」すぐに、この目標は達成された。そして全職長が同じように目標を達成した。考えてみれば当然の話だろう。一度できたことは、もう一度できるものなのだ。

やがて職長たちは、生産性を向上させるにはどうすればいいかを議論し始めた。部門内の空気が変わって、四二ドルだったひとり当たり生産高が、なんと六〇ドルに達した。いっぽう、ほかの部門も生産性を向上させた。以前は約五〇ドルで操業していたのだが、われわれの実績を知って奮起し始めて、結果的に工場全体の生産性が上がったのである。

われわれの興奮が頂点に達したのは、これまでずっと生産性トップの座を守ってきた部門を、射程内にとらえたときだ。そこの部門長はネルソンという名だった。相手は相変わらずトップに立っているが、われわれはやる気満々で、かなり熱くなっていた。鼻息も荒く、ネルソンの部門に挑戦状をたたきつけた。うちの第五四班が翌週の成績で、先方の第三七班を打ち破るほうに五〇〇ドル賭けたのだ。

奮闘が始まった。ある日、わが五四班が七〇ドルを超す空前の記録を打ち立てた。作業員がわたしのもとへ来て、こう宣言した結果だ。「今まで一日七六ドルなんてやったことはないが、それを新しい標準にしないって約束するなら、きょうはやってやるぜ」

というわけで、われわれは敵をみごと打ち負かした。約二〇セントの僅差。夢のような勝利だった。五四班の職長を務める巨体のエディ・ノヴァクが小さな自転車を——尻をサドルから大きくはみ出させて——乗りまわし、ベルを鳴らしながら「五四班が三七班に勝った！　五四班が三七班に勝った！」と叫んだ。いっぽう、面目を失ったネルソンは、苦虫を嚙みつぶしたような顔で、部下に当たり散らしていた。すばらしい勝利だった。

みなのやる気に火をつけたのは、達成しがいのある目標、ゲームの楽しさ、勝つことの喜びなのだ。冗談や笑い声のほうが、怒声や罵声やかんしゃくよりもはるかに効き目がある。だが標準があったからこそ、こういうゲームを生み出せたことを忘れてはならない。

◆キーポイント◆退屈な日常から抜け出させて、本当にやりたいことを示してやれば、従業員はどんな障害もものともしない。

標準を指針にしよう

最高経営責任者たるわたしにとって、数字は必要不可欠な道具だ。数字のおかげで今後の動向を見通して、危機に対処することができる。まだ状況が悪化しきらないうちに行動を起こせる。といっても、従業員に具体的な対策を指示するのではない。問題が生じつつあることを指摘し、それを回避する機会を与えるのだ。

数字は指針の役割を果たしてくれる。仮に、ある工場の生産性があまり思わしくなかったとする。わたしは静観して、責任者たちに対策を講じる機会を与える。口を出すのは、その問題が慢性化し始めたときだけ。例えば、同じ問題が三カ月続けて生じたら、状況が手に負えなくなって全社に累が及ぶ前に行動を起こさなくてはならない。ありがたいことに、財務諸表に目を光らせていれば、しばらくは成りゆきを見守ることができる。問題が生じていること自体は、気に病む必要はない。従業員が解決策を練っているかどうかに留意しよう。問題というものは、どう防いでも次から次へと生じる。それよりも解決のために何をしているかが重要なのである。

ビジネスでは、数字をしっかり観察していればパターンが見えてくる。最高経営責任者たるもの、そのパターンを探り出して、頭にたたき込まなくてはならない。ベンチマークがあれば、自分があるパターンのどの位置にいるのかを知ることができる。なんらかの異常を見抜けるようになりたいなら、日常をおろそかにせず、パターンを熟知しておこう。そしてパターンが崩れたときに、すみやかに対応しよう。

こういったことはしじゅう起こる。ある数字が下降したら、われわれはそこに注意を集中させて、従業員に対策を講じるように求める。やがて数字が上向きになる。わたしは身を引き、別の問題にとりかかる。

本当とは思えないほどいい数字には気をつけろ——本当ではないかもしれない

知人が、赤字のドア製作会社を買った。現場に乗り込んで檄《げき》を飛ばし、標準原価計算システムを確立した。そのあとは何もせず、ただ静観していた。喜ばしいことに、翌四半期までに利益が月平均三万ドルもふえた——少なくとも社外の会計士はそう報告した。知人はなぜ利益が上昇したのかを尋ねず、会計士の言葉を鵜呑みにしていた。年度末に監査役がやって来て、ドアの材料となる木材の在庫が九万ドル分不足していることを発見した。

問題の根源は、長さ一〇フィートの板を仕入れていたのに、作るドアの長さが八フィートだったことだ。すべての板を適正な長さに切断しなくてはならない。余りは木ぎれにすぎないが、それを考慮せずに標準原価計算システムが作成されていたので、帳簿から消されずに残ってしまった。帳簿上は、ドアの製造に使える木材がたくさん転がっているように見えるが、実際はこの会社にとってなんの役にも立たない木ぎれが大量にあるだけだった。

教訓：出どころをはっきり確かめるまでは、数字を信じるな。

ビジネスで使われる数字は、天からもたらされるのではない。現物を数えたのちに、足し算、引き算、かけ算、わり算を行なって手に入れるものだ。ある数字の意味がわからなかったら何度でも確認しよう。

◆キーポイント◆ビジネスには問題がつきものである。数字のおかげで、何が問題で、それをどの程度気にかければいいのかがわかる。

わたし個人のベンチマーク

わたしの望みは、ＳＲＣをあしたにでも売却できること、そのとき全従業員が、少なくとも五万五〇〇〇ドルを、すなわちスプリングフィールドでの平均的な住宅価格に相当する額を手にすることだ。それくらいの流動性と資産価値がほしい。ひとり五万五〇〇〇ドルというこの数字が、わたしのベンチマークだ。人は数字がないと、目標に真剣に取り組めない。われながらいい数字を選んだと思う。住居費は可処分所得のかなりの割合を占める。住居費を全額支払ってしまえば、従業員は未来に目を向けることができ、過去を振り返らなくてもすむ。新しい人生設計ができるのだ。

7 称賛よりも金をくれ

経営者にとって、よくできたボーナス制度ほど強力な道具はない。コンサルタントに大金を払って、制度の立案をさせている会社もあるくらいだ。これを愚かな投資と決めつけることはできない。ボーナス制度がうまくいけば、すばらしい動機づけ要因になる。立案にどれほどの金を投じようと、その費用など微々たるものに思えるほど従業員の生産性を上げられる。

ボーナス制度は、報奨金の力でもって何よりも効果的に目標を社内に浸透させる。「この目標はとても重要だから、達成できたら褒美《ほうび》をあげよう」と告げて、従業員の関心をすばやく引きつけるのだ。強力なメッセージを送って従業員のやる気を促し、努力目標とともに、その達成に力を尽くすもっともな理由を与える。すなわち報酬を手にするという理由を。

当社のボーナス制度は、このような効用はもちろん、それをはるかに超えるものをもたらしてくれた。しかも、立案にはいっさい費用がかかっていない。われわれはこの制度を「称賛よりも金をくれ（Skip The Praise, Give Us The Raise）」と名づけ、略して「ストップ－グーター」（STP－GUTR）と呼んでいる。この制度の特長は以下のような点だ。

1　「ストップ－グーター」は当社で最も強力な教育プログラムだ。われわれはこれを用いて、ビジネスのなんたるかを従業員に教えている。

負債資本比率の改善が目標になったら、従業員は負債や資本が何を意味するのか、両者がいかに影響し合うのかについて学ぶ。目標が税引前利益や、棚卸表の正確さ、製造間接費配賦率などに変わっても、基本は変わらない。いずれにせよ従業員は、会計制度や会社や競争市場のさまざまな側面について学びたいという意欲を強く抱く。それらを知らなければ仕事が楽しくないし、ボーナスも得られないし、さらには仲間から集中砲火を浴びてしまう。

2　このボーナス制度は、会社と雇用を守る保険契約のようなものである。

というのも、会社の弱点を目標に選ぶからだ。毎年、われわれは何がわが社にとって一番の脅威であるかをつきとめ、ボーナス制度のもとで一丸となってその解決に取り組む。つまり、年間の報奨金を弱点の克服にかけるのだ。こうすることによって、目標をなしとげるべき理由がひとつふえる。目標達成が「やりたいこと」から「やらねばならないこと」に変わり、特別な努力に値するものになる。興味深いことに、ひとたび改善された項目が弱点に逆戻りすることはめったにない。

3 ストップ・グーター制度は、われわれに団結心をもたらす。

この制度のおかげで、全員の優先事項が一致して、みなが同じ目標に向かって進める。メッセージから曖昧性が消える。ひとつの部署に問題が生じた場合、別の部署から応援要員が送りこまれるし、その理由を全員が了解している。たいていは指示を与える必要すらない。みな、ときにはかなりの無理を強いられながらも自発的に協力し合う。それというのも、目標を達成するためには互いの力が欠かせないことを知っているからだ。全員で勝利を手にするか、さもなくばまったく手にできないか、どちらかなのだ。

4 この制度のおかげで、問題をすみやかに発見できる。

目標を達成できなかったとき、われわれはその理由をただちに突きとめようとする。みなで数字をよく調べて、何が問題なのかを探る。ひょっとしたら売掛金かもしれない。顧客が支払いを遅らせて、現金を温存しているのだろうか。あるいは生産性かもしれない。仕事に不慣れな作業員が多くて、生産のスピードが間接費の負担に追いつかないのではないか。ボーナス制度は問題を白日のもとにさらす。あとはその問題に取り組んで、解決するだけだ。

5 ストップ－グーター制度は、当社の株価を上げる最良の道具である。

われわれはいつも、目標を定めるにあたって、目標を達成したら株価が上がるように――達成できなくても株価が下がることのないように――配慮する。これは、当制度に託したなかで最も重要なメッセージだ。「ゲームの目的は株価および雇用の維持にほかならない」。ボーナスのような短期の誘因も大切だが、長期的な報酬をないがしろにしてはならない。

6 最も重要なことだが、この制度はゲームの骨格をなしている。

ストップ－グーターはゲームに花を添えて、流れを作る。一年じゅう途切れることのない活気を保つ。われわれに言葉を、意思の疎通手段を与え、興奮と期待を生み出す。アドレナリンを社内に漂わせる。従業員の心をしっかりつかんで放さない。要するに、この制度は何よりも大きな動機づけ要因になるわけで、これを導入する主眼もそこにある。導入しても士気が上がらないなら、即座に打ち切ったほうがいい。とはいえ、従業員のやる気が促されないことなどあろうか。われわれはしじゅう、「このボーナス制度は従業員のやる気を促しているか?」と自問し続けているが、誰かに「ノー」と告げられたら、そいつをとんでもない大嘘つきだとみなすだろう。でなければ、われわれの教育プログラムに大きな問題が生じているのかもしれない。

ボーナスを払う最大の理由

どんな会社であれ、その将来がたえず危険にさらされているという認識、その存続を脅かすできごとが今にも起こりそうだという認識をもって経営されるべきだ。実を言うと、創業時にはたいていの会社がこの原則に従っている。将来が保証されているなどとは間違っても思わない。いや、思えないのだ。なにしろ翌週にも現金が底をつきかねないし、そうなったら一巻の終わりである。だから怠りなく目配りをする。自社の強みや、費用を切り詰める方法や、出費に見合う利益を得る手段をつねに模索する。

こうした独立独行の経営姿勢は、新規事業にかぎらず、あらゆるビジネスの基本となっている。いわば一種の心の持ちかたであり行動様式であって、自立心や独創性や知性や勤勉を頼りにする経営手法だ。これをやめた企業はどうなるか。まず贅肉がついて締まりがなくなる。問題の解決法を金で買う癖がつく。将来が保証されていると思いこみ、いつまでもビジネスを続けられるものと決めてかかった結果、よけいな費用をふくらませて心に隙を作る。収益をあげて資産を作ることとは関わりのないさまざまな問題に、どんどん首を突っ込む。そして気づくと、商売敵にノックアウトされてしまっている。にわかに会社の将来が消えて、従業員も職を失っている。

よくできたボーナス制度は、組織に独立独行の精神を浸透させる。雇用の維持に大きな力点を置いて、働き口を守るにはどうすべきか、実入りをふやすにはどうすべきかを従業員に示しているからだ。

前にも述べたように、雇用を維持する方法はひとつしかない。すなわち、原価をできるかぎり低く抑えること。しかし、業界一低い原価を目指す会社は厳しい選択を迫られる。商売敵よりも原価を抑えたいなら、（1）従業員に支払う給料を減らすか、（2）製品の生産速度を上げるしかない。そんな決断を嬉々として下す者がいるだろうか。従業員に業界一水準の低い生活を強いる会社や、健康を損なうほどの労働を求める会社を、誰が経営したがるだろう。従業員が家族を満足に養えず、充実した楽しい生活を送ることもできない会社など、誰ひとりとしてほしがりはしないはずだ。とはいえ、競争力を保ってビジネスを続けていく方策がほかにあるだろうか。

われわれのようなボーナス制度を導入すれば、この袋小路に抜け道を作ることができる。雇用を確実に維持できる水準、従業員がそれに見合う仕事をするかぎり職がなくなることはまずないと保証できる水準に基本給を抑えても差しつかえない。ただし、従業員がそれに見合う以上の仕事をした場合や、なんらかの改善策をひねり出した場合は、そのおかげで余分に儲かった金を、ボーナスという形で分け与える。儲かった金が多ければ多いほど、分け与えるボーナスの額もふえる。場合によっては基本給をはるかに超えることもあるだろうが、将来の雇用を脅かす恐れはない。経済状況が悪化しても会社は存続できる。ボーナスは支払えないだろうが、事業を続けることはできる。従業員は職を失わずにすむ。

つまり、不況に備えてある程度の柔軟性を確保するわけだ。従業員をレイオフするなど論外だし、賃金カットもしたくない。労働者の賃金のほとんどは、住宅ローン、教育費、食費、交通費といった固定費の支払いに消えている。それらの費用を切り詰めざるをえなくなったら、労働意欲は著しく低下するだろう。生活の基本的支出を減らすことほど耐えがたいものはないからだ。われわれは従業員に一定水準の収入を確保してやりたいし、それ以上稼ぐ機会も与えてやりたい。経営状態がよくて、従業員が力のかぎり働いてくれるなら相応の報酬を払うつもりだ。

ボーナス制度はこんなにすばらしいのに、なぜ失敗例がたくさんあるのか？

一九八三年に、さまざまな理由からわが社のボーナス制度は頓挫《とんざ》した。理由のひとつとして、従業員のほとんどが制度を理解していなかったことがある。彼らはやる気を起こさなかったし、目標を達成するためにどうすればいいのかを知らなかった。あまつさえ、目標の設定そのものが間違っていて、たとえ達成したとしてもボーナスの支払いにあてるだけの現金を生み出せそうになかった。われわれは過ちに気づくと、年度のなかばではあったがただちに制度を廃して、一からやり直すことにした。この経験によって、どういう制度がよくないのかを学び、実効性のある制度を築くにはどうしたらいいのか、あれこれ模索することになった。その過程で、ボーナス制度を築く際に必ずやるべきことと、やってはならないことのチェックリストを作り上げた。以下に、それを紹介しよう。

●全員を同じ境遇に置こう

最高責任者から清掃員や電話番に至るまで、すべての人間をひとつのボーナス制度の下に組み入れよう。全員に同じ目標を与えて、報酬に大きな差をつけないこと。ＳＲＣのストップ－グーター制度では、基本給に一定の割合をかけてボーナス額を算出している。誰にたいしても、年収（給料あるいは賃金に時間外手当を加えたもの）に、あらかじめ定められたパーセンテージを乗じた額が支払われる。

とはいえ、全員に同じパーセンテージが適用されるわけではない。ストップ－グーターでは、管理職および専門職のほとんどが、最高で年収の一八パーセントのボーナスを手にする。そのほかの従業員については、年収の一三パーセントが最高額となる。理由は単純明快。みなに昇進してほしいし、より大きなリスクと新たな責任を負ってもらいたいからだ。より大きな責任を果たした者により多くの褒美を与えるのは当然だろう。だがこの一点を別にすれば、全員が同じ目標を追求して、同じ規則にのっとることが望ましい。

というのも、ひとつのチームにまとまって同じ方向へ進むほうが、勝利を手にしやすいからだ。人どうし、部署どうしの競争や、派閥間での足のひっぱり合いは避けるべきだし、管理職と労働者の対立などもってのほか。みなが互いの問題点を理解し合い、一丸となって解決策を導きだせるような報酬制度にしたい。立場にかかわりなく全員が依存し合っているという認識が大切なのだ。ＳＲＣでは全員が勝利し、会社の勝利が個人の勝利である。社内に勝者と敗者が生じるようなボーナス制度はいらない。唯一、敗者になるのは商売敵だけだ。

ただしひとつ例外がある。安全性だ。事故を防ぐには安全意識をしっかり根づかせるしかないが、われわれは社内競争を通じてこれを実現している。ストップ－グーター制度では安全性を取り上げず、代わりに安全競争を実施する。しかも、わざわざ組織を横断するような形で全社をチーム分けする。例えば、ある年にわたしが参加したチームは、名字がＳで始まる人たちばかりで結成されていた。この年は、事故のない期間が最長だったチームが六万二〇〇〇ドルの賞金を得た。会社側はというと、事故件数の減少によって労災保険料の年額を一〇万ドル減らし、三万八〇〇〇ドルの純益を得た。これはＳＲＣにとっての勝利であり、ＳＲＣの従業員全員にとっての勝利でもあった。浮いた金のおかげで、ストップ－グーター制度の目標を達成しやすくなったからだ。だが主たる狙いは、あくまで安全性への関心を喚起し、従業員の怪我を防ぐことにある。

●目標はふたつか三つに絞って、できれば財務諸表の項目を標的に選ぼう。

あれもこれも目標に定めるのは、目標をまったく定めないに等しい。ボーナス制度の目標は、年にふたつか、せいぜい三つに絞ろう。それ以上は多すぎて混乱を招く。そして、適切な標的を選ぶことが肝要だ。従業員の関心をビジネスの基本に、つまり収益をあげて資産を作ることに引きつけておけるような標的が望ましい。また、ビジネスのさまざまな側面を従業員に学ばせて、成功するには何が必要かを教え、そのための的確な行動をとらせるような標的にしたい。さらに、弱点をなくすことで会社を強化できるような標的にすべきだ。こう考えていくと、財務諸表の項目から標的を選ぶべしという結論に達する。

われわれはほぼ毎年、標的のひとつを税引前利益率に設定している。従業員の関心を、収益をあげることにつなぎ止めておきたいからだ。それ以外の標的は年度によってまちまちで、そのときどきに最大の弱点と思われるものに設定する。とはいえ、ふつうは貸借対照表からふたつめを選ぶことにしている。資産を作るという側面にも、関心を向けてほしいからだ（標的の選びかたについては、次章でくわしく述べる）。

さて、財務諸表の項目から標的を選ぶと、奇妙なことが起きる。標的ひとつにつき、五～六個の項目が付帯してくるのだ。仮に、流動性を選んだとする。流動性の指標となるのは、会計士が流動比率と呼ぶもので、流動資産（棚卸資産や売掛金など、一二カ月以内に現金化が予定されている資産）の合計額を、流動負債（短期借入金や買掛金など、一二カ月以内に支払期限が到来する負債）の合計額で割って算出する。理想的な流動比率は業種によって大きく異なるが、ほとんどの場合、流動資産が流動負債よりも多いほうが望ましい。一般的に両者の比率が二対一であれば、文句なしに健全だと言える。

選んだ標的が数量化できるなら、次は目標値の設定だ。前述の例では、どのくらい流動比率を改善すれば一定のボーナスが得られるのかを算定する。定めた目標値を達成するためには、在庫量、出荷予定、営業効率、売掛金の回収、顧客との契約条件など、ありとあらゆる要素に目を光らせなくてはならない。その過程で、ビジネスのさまざまな側面にたいする興味がかきたてられる。急に、誰もが売掛金について知りたいと言いだす。幹部会では、各顧客の支払状況ついて会計士から報告がなされるが、誰もがそれに関心を抱き始める。顧客が支払いをしてくれなければ、現金は顧客のもとにとどまったままで、われわれの手には入らない。そうなると、そのぶんの現金を、例えば短期借入金の支払いにあてることができない。借入金を減らせないと、流動比率の目標値が達成できず、ひいてはボーナスもなくなる。

このようにボーナス・ゲームのおかげで、従業員は現金の流れを追うようになり、顧客の支払いが遅れた場合にどうなるかを身をもって知る。事業について、数字について、会計システムについて学び、それらがどう絡み合っているのかを学ぶ。そして、ひとつの目標を追求する過程で複数の目標を達成することになる。

●勝利を味わう機会はなるべく早いうちに、かつ頻繁に与えよう。

ボーナス制度は、従業員のやる気を促す手段として何よりもすぐれている。やる気が喚起され

spicの給与体系をシミュレーションして下の表現にすれば、スタッフはわかりやすい

ないとしたら、制度がうまく機能していない証拠だ。では、何が従業員のやる気を促すのか。それは勝つことだ。勝利を味わうことほど、もう一度挑戦して今度はもっといい成果をあげようという気にさせるものはない。ボーナス制度を導入するなら、まず従業員を連勝街道に乗せてやり、年度の終わりまでまっすぐ突き進ませよう。

これが、われわれの報奨金システムの背後にある理論だ。標的を選んだあとは、ボーナスの支払い水準を定める。場合によっては、ひとつの目標につき五段階もの支払水準を定めることがある。例えば、利益を標的に選んだときは、たいていベースライン（最低基準）を税引前利益率五パーセントに、最高目標値を八・六パーセントに設定する。税引前利益率が五パーセント以下だったら、ボーナスを手にすることができない。五〜五・五パーセントだったら、第一段階の支払水準となり、従業員は基本給の一・三パーセント相当のボーナスを得る。税引前利益率が五・六パーセントに達すると第二段階で、ボーナスは基本給の二・六パーセント相当になる。第三段階は税引前利益率六・六パーセント以上で、ボーナスは三・九パーセント相当……。そして税引前利益率が八・六パーセント以上になると、従業員は、利益目標では最高額の、基本給の六・五パーセント相当を手にする。

目標値と支払水準を定めるにあたっては、ちょっとした計算をする必要がある（１９４ページの『ボーナス計算』を参照）。当然ながら数字は会社によって異なるので、必ず自分で計算して

求めよう。計算がうまくできないと、ボーナス制度もうまくいかない。ただし算出に際しては、本当の目的を見失わないように気をつける。すなわち従業員のやる気を喚起し、維持することだ。以下に、心に留めておくべき基本原則をいくつか述べる。

1　ベースラインは、会社の安全を最低限確保できる値に定めよう。

会社の健全性が最優先事項であることを、周知徹底させるべきだ。雇用を維持できるぎりぎりの努力しか払わずに、ボーナスを手にする者がいてはならない。わが社を例にあげると、税引前利益率五パーセントが、苦境に陥らない最低ラインとなる（利益の四〇パーセントは税金に持っていかれる。結果として、税引後利益率はおよそ三パーセントになるが、その分は、摩耗《まもう》した機械の取り替えや在庫調整などに使う運転資金として必要だ）。一方、ベースラインを高くしすぎて、従業員がはなからやる気を失う事態も避けなくてはならない。支払水準の第一段階は、楽に手の届く範囲にしよう。SRCでは過去に達成済みの水準にベースラインを定めているので、どの目標でも、努力すれば第一段階に届くことがわかっている。

目標値は、生存限界点より上のレベルに置かなければならない。多くの会社が、赤字さえ出さなければよしと言わんばかりの低すぎる目標値を定めている。これでは万一、目標値に達しなかった場合、会社の存続が危うくなる。そんな綱渡りの操業はなんとしても避けたい。わが社では税引前利益率が五パーセントを切ったとき、全員が互いの期待を裏切ったような気持ちになる。

まさにそういう状態こそ望ましい。会社が利益をあげられなくて従業員がつらい思いをするにしても、職を失って悲しむよりは、ボーナスが支払われなくて悲しむほうがましだろう。

2 ボーナス制度のおかげで生じた利益は、確実に、しかるべき割合を従業員に還元しよう。うちの会社はけちで欲張りだと従業員に思われたり、支払った報酬が要求した努力に見合わなかったりしては、ボーナス制度でやる気を促すことなどできない。相応の金を稼げる公正な手段だと思われるような制度にすべきだ。ストップ－グーターでは、現場の機械工は最大で基本給の一三パーセントのボーナスを得られる。年収二万ドルの者なら二六〇〇ドル、言いかえれば、ほぼ七週間分の賃金だ。会社側から見ると、(すべての目標で最高の支払水準に達した場合)税引前利益率五パーセントを超える金額のうち約半分を、ボーナスの形で従業員に還元することになる。

3 従業員をゲームにつなぎ止めるために、しかるべき頻度でボーナスを稼げるように設定しよう。

よく見られる過ちは、年に一度しかボーナスを支払わないことだ。しかも、年度末をかなり過ぎるまで支払金額を知らせず、実際に支払うのはさらに数週間後という始末。こんなことでは最終四半期になるまで、従業員はボーナス制度の存在を思い出さない。いや、それでも思い出すならまだましで、すっかり忘れ去ったまま、この制度のもとで支払われた金を単なるプレゼントと見なすのが落ちだろう。そういうボーナスは報酬ではない。賄賂《わいろ》だ。

ストップ‐グーター制度では、三カ月ごとにボーナスを稼ぐ機会が与えられている。これはグレートゲーム・オブ・ビジネスの一般原則に合わせた設定だ。また、四半期ごとの評価方式を従業員に浸透させるための絶好の手段でもある。四半期という概念は、企業の評価期間として長年使用されてきただけあって洗練されたものである。ビジネスの標準的な周期にも合致し、短期の期間枠として申し分ない。実際に採用してみて、この三カ月という期間はボーナス制度にうってつけなことがわかった。比較的早く過ぎるので、週に一回の会議だけで期間中ずっと従業員の関心をつなぎ止めておけるからだ。

ボーナス制度の支払いを必ず四半期ごとにしろと言っているのではない。会社によっては、月ごとのボーナスのほうがうまくいくかもしれない。あるいは半期ごとの事例もあるだろう。しかし、半期より長い期間を定めるのは好ましくない。ボーナスの効力が薄れるし、特に制度が導入されたばかりだと、従業員の信頼を得られない可能性がある。ボーナス制度が提案された時点では、従業員はまだ半信半疑だ。現実に金を手にしないうちは、心から信用することはない。しかしひとたび金を手にしたら、驚くほど姿勢が変わる。

4　最初はボーナス資金を少なめに設定し、年度末にかけて段階的にふやそう。

そうすれば従業員はすべての目標を達成する機会（つまり、その年のボーナスを全額手に入れる機会）も、目標を達成したいという意欲も、最後の最後まで持ち続けられる。

「ボーナス資金」とは、ある期間内に支払いが予定されているボーナスの総額を指す。要するにわたしの言っているのは、最初はボーナスの支払額を抑えておいて、月ごとに、あるいは四半期ごとに増額するということだ。

これはきわめて重要なポイントだ。じゅうぶん気をつけないと、意欲を喪失させるような要因を計画に組みこんでしまいかねない。仮に、四半期ごとに年間ボーナスの二五パーセントずつ支払われる設定になっていて、第一、第二・四半期ともに目標がまったく果たされなかったとする。その場合、制度の効力はかなり弱まるはずだ。おそらく従業員はやる気を失い、努力を怠るにちがいない。逆に、いつであろうと目標を達成しさえすれば、その分の年間ボーナス全額が支払われる設定になっていて、第三・四半期のなかばには、すべての目標が達成されたとする。たぶん年度が終わるまでに、会社は大きな問題を抱えることになるはずだ。

われわれはこういった落とし穴を避けるために、年度末にかけて段階的に報酬額をふやし、ボーナスが支払われなかった期があれば、その分を次の四半期に繰り越している。具体的に説明すると、第一・四半期はボーナス資金を年間総額の一〇パーセントに、第二・四半期は二〇パーセント、第三・四半期は三〇パーセント、第四・四半期は四〇パーセントに設定している。

第一・四半期に目標の半分だけ果たされた場合、ボーナス資金の半額が支払われる。つまり、年間総額の五パーセント（一〇パーセントの半分）がボーナスとして支給されるわけだ。そして、支払われなかった五パーセントは第二・四半期に繰り越される。したがって第二・四半期のボーナス資金は（第二・四半期に割り当てられた二〇パーセントに、第一・四半期からの繰越し分五パーセントを加えた結果）年間総額の二五パーセントになる。

さて第二・四半期には、目標がひとつも達成されなかったとする。その場合、二五パーセント分すべてが繰り越され、第三・四半期に従業員の狙うボーナスは（第三・四半期に割り当てられた三〇パーセントに、第二・四半期の二〇パーセントと、第一・四半期の五パーセントを加えた結果）年額の五五パーセントになる。たとえこの第三・四半期にすべての目標が達成されたとしても、第四・四半期にまだ年間ボーナスの四〇パーセントが残されているし、逆にまったく達成できなかったとしても、年度末までに年間ボーナスの残額すべて（九五パーセント分）を稼ぐ望みは失われていない。

その結果、従業員は試合終了のホイッスルが鳴るまで戦い抜くことになる。四半期ごとに勝利を収めていくもよし、最後の瞬間まで引きのばして、いちかばちかのロングパスに賭けてもいいだろう。諺《ことわざ》にあるように、勝負は下駄をはくまでわからない。そして決着がついたら、またすぐに次の試合が始まる。

●伝えよ、伝えよ、伝えよ。

何はさておいても、ボーナス制度の狙いと、この制度が従業員の働きに応じて改変されるという事実を周知徹底させよう。ボーナス制度のほとんどは、ひとえに意思疎通の不足から失敗に終わっている。経営陣がどれほど賢かろうと、どれほどすぐれた目標を定めていようと、どれほど入念に支払計画を立てていようと、従業員が制度を理解していなかったり、ゲームの進行についていけなかったり、何か裏があるに違いないと勘ぐっていたりしたら、勤労意欲はかきたてられない。疑わしきは罰せずの精神を、従業員に期待してはならない。ボーナス制度をうさん臭いと感じたり、発表された成績の真偽を確かめるすべがなかったりした場合、彼らはまず間違いなく、経営陣が数字を操作しているものと思いこむだろう。

もちろんボーナス制度が理にかなっていれば、説明にはさほど苦労しないはずだ。まずは教育係を教育しよう。つまり中間管理職、職長、熟練工を教育する。現状を把握してそれを全員に説明できる中核層をしっかり形成する。会議を招集してもいいし、補助教材（プリント、小冊子、ビデオなど）を作ってもいい。だが、教育係がある程度の知識を得たあとは、ゆっくり構えていてはならない。ただちに制度を導入する。ほとんどの従業員は、いつもゲームを学ぶときと同じやりかたで、すなわち参加することでボーナスゲームを学ぶ。

重要なのは、成果を定期的に把握してそれを全社に伝えるための、効率的なしくみを設けることだ。週ごとに（それが不可能なら月ごとに）最新の得点表を発表する時間を設けて、必ずその日時を守ろう。やがて従業員は、最新の得点表を心待ちにするようになる。けっして彼らをがっかりさせてはならない。得点表の発表が遅れたら、疑念と不信を招いて気勢をそぎ、成功の芽を摘むことになる。

成績の伝えかたはいろいろあるだろう。掲示するとか、会議を招集するとか、賃金明細とともに通知表を渡すとか、あるいは社員食堂に電光掲示板を設置して、昼食時に得点を表示する方法もある。事業所が各地に分散しているなら、ファックスやテレビ会議を利用すればいい。ただし、どんな方法をとるにせよ、質疑応答の機会は必ず与える。そして、得点表の数字の算出に使ったデータを率先して公開する。従業員は、実際に照合するかどうかは別として、必要があればデータ照合できるという保証をほしがるものだ。それもあって、われわれは詳細かつ完全な財務諸表を毎月作成する。ストップ－グーターの月間成績に始まって、一〇〇ページに及ばんとする大作だ。従業員はその気になれば、損益計算書と貸借対照表の数字を使って、さまざまな計算を自分で行なうことができる。

とはいえ、最新の得点表を周知徹底させることは、ボーナス制度を有効にする手だてのひとつにすぎない。重要なのは、ボーナス制度そのものを社内の関心の的にすることだ。そうすれば制度を通じて、進行中のできごとの背景や意味を全員に知らせることができる。しかるべき目標を選びさえすれば、その達成がおのずと全員の最優先事項になるものだ。

ボーナス制度が効果を発揮するには、現場の人間と、それを監督する管理職とのあいだに、双方向的な情報の流れがなくてはならない。経営陣は解決すべき問題、とらえるべき機会、称《たた》えるべき勝利を見出すための数字を必要とする。現場の人間は、最新の情報がひっきりなしに与えられること、現状の改善方法がきちんと示されることを望む。中間管理層は、やる気を促して指針を与えるための道具、優先事項を定めるための道具をほしがる。また標準を満たすこと、目標を達成すること、ボーナスを獲得することそれぞれの関係を説明するための道具をほしがる。

言うまでもなく、意思の疎通は経営に欠かせない要素だ。そしてたぶん、すぐれたボーナス制度がもたらす最大の効用でもある。この制度のおかげで、社内のすべての人間がそれぞれの役割をはっきり認識し、その役割を果たすために必要な情報を入手することができる。そして、社内情報の流れを管理できるか否かは、ボーナス制度の有効性ばかりか、その会社の市場における成功をも大きく左右する。

SRCでは、グレートゲーム・オブ・ビジネスを利用して、情報の流れを管理している。中心となるのは週一回の幹部会だ。さほど間をおかずに開催されることもあって、組織上下間の情報交換を統括する役割を担う。これについては、第9章でくわしく説明する。

●勝ち取られなかったボーナスは、支払ってはならない（ただし、従業員が勝利できるように八方手を尽くそう）。

この心得は単純だが、制度の根幹に関わるものだ。ボーナス制度の意味は、従業員に市場の現実を学ばせることにある。ボーナスは経営陣からの贈り物ではない。同じ顧客を取り合う商売敵にまさる仕事をして初めて得られる報酬なのだ。目標に届かなかったにもかかわらず支払ったなら、このメッセージを損なうことになる。

最高経営責任者は、身を切られるほどつらい思いを味わうだろう。従業員が懸命に努力してもなお、わずかの差で達成がかなわなかったとき、とにもかくにもボーナスを支払ってやりたいという思いに強く駆られる。だが、その衝動に負けてはならない。ひとたびゲームの規則をねじ曲げたら、すべりやすい坂道をずるずる落ちていくばかりになる。わが社では、わずか〇・〇一パーセント目標に届かなかったことが二度ある。どちらの場合も耐えがたい苦しみを味わった。あんな事態に陥るのはもうご免こうむりたい。だから今では、四半期末が近づくと、週一回の幹部会に会計士を呼び、各目標においてひとつ上の段階に達するにはどうすべきかを資料で具体的に示してもらう。目標達成に必要とあらば、必ずやどこかの領域で数千ドルを余分にひねり出せるものだ。

ボーナスの威力

ボーナス制度の真の効力は、ビジネスのなんたるかを従業員に示すことにある。ひとたびその計算法を理解すれば、すべての断片がぴったり合わさって、ビジネスが欲しい物を手に入れるための道具であることが見えてくる。そう、確かにすべての断片はぴったり合わさる。この制度は本当にうまく機能するのだ。また、現実を忠実に反映しているので、何かあっても制度そのものを非難することはできない。非難するなら、問題の原因となった個人を非難しよう。ビジネスへの取り組みが悪いと言って従業員をとがめることはできる。貪欲な者、自分のことしか考えない者、私利のために他人を食い物にする者を叱りつけても構わない。だが、あくまで非はその個人にある。制度の本質が悪いのではない。

ボーナス計算——足し算のやりかた

もしボーナス制度が完全には数値化できないとしたら、どこかがおかしいにちがいない。従業員は確たる目標値や報酬額を知りたがる。つまり数字を欲する。経営陣は主観的な見解や判定によって、勝敗を決してはならない。そんなことをすれば従業員の信頼が得られず、制度は失敗に終わるだろう。

とはいえ、目標値と支払額を公表する前に、しっかり計算を行なっておこう。制度を打ち出したあとで、示した方向や促した行動が間違いだったと気づくのは避けたいし、何よりも約束したボーナス額を間違いなく支払えるという確証を得ておきたい。そうしないと、思わぬ惨事を招いてしまう。目標を果たしたのにボーナスを貰えないとなったら、従業員は二度と信頼してくれない。

計算方法そのものは、ビジネスの性格によって変わるのはもちろん、導入したボーナス制度の内容によっても異なってくる。とはいえ、ボーナスの額を算出して数字の裏付けを得るには一定の筋道がある。

1　利益の目標値と、ボーナスの最大支払額を決めよう。

わが社では、ほかの何よりもまず、利益率のベースライン（最低基準）および最高値と、ふたつの標的（税引前利益率と貸借対照表上の一項目）それぞれにおけるボーナスの最高支払水準を決定する。その値をもとに、ボーナス制度の導入で新たに生み出される利益額と、目標がすべて達成された際にボーナスの形で従業員に還元すべき額を算出する。

当社の場合、利益の目標でボーナスを支払うには、税引前利益率が所得の五パーセントを超えなくてはならない。五パーセントを超えて初めて、超過分の利益を、各人の基本給に応じたボーナスの形で分かち合うことができる。説明を単純化するために、全員に同じ支払率を適用し、ふたつの標的ともに最高水準の目標値に達したとき、基本給の一三パーセント相当（ひとつの標的につき六・五パーセント）を支払うものとする。例えば年間売上高が七〇〇〇万ドル、支払給料総額が一〇〇〇万ドルだとすると、ストップ－グーターのもとで余分に支払う報酬の最大額は一三〇万ドルになる（〇・一三×一〇〇〇万ドル）。

だが、その額を支払うのは、ふたつの標的ともに最高の支払水準に達した場合のみだ。わが社ではふつう利益目標の最高値を税引前利益率八・六パーセントに設定しているが、計算を簡単にするために九パーセントに定めたとする。これを達成したとき、会社の税引前利益の余剰分は二八〇万ドルになる（九％－五％＝四％、〇・〇四×七〇〇〇万ドル＝二八〇万ドル）。したがって、ボーナスを支払ったあと、ほかの用途に使える金が一五〇万ドル残る。

利益目標だけでなく、もうひとつの目標でも最大のボーナス額を支払う想定になっていることに留意してほしい。貸借対照表上の目標は利益にはなんの影響も及ぼさないが、それでも目標が達成されたらボーナスを支払わなくてはならないので、計算に入れておく必要がある。言うまでもないが、計算してみて結果が気に入らなかったら、利益率の目標値やボーナスの支払水準をもう一度定め直す。

2　貸借対照表上の目標を決めよう。

われわれは、支払うボーナスの原資となる現金確保という見地から、貸借対照表上の目標を定める。損益計算書上の目標（つまり利益目標）だけ設けて、貸借対照表上の目標は設けないと、大きなリスクを背負ってしまう。従業員が現金収支を顧みずに収益をあげようとするかもしれない。稼いだ金のすべてが棚卸資産か売掛金に化けることもありうるわけで、その場合はボーナスを期日に支払うことが不可能になる。これを防ぐためにも、わが社では、貸借対照表上の目標を流動性に設定することが多い。ボーナスの支払いその他を行なうのに必要な現金が、確保しやすくなるからだ。

3　貸借対照表上の目標の数値を定めよう。

貸借対照表上の目標の数値を定める過程は、利益目標の場合とは少し異なる。われわれはまず、もし利益目標の最大値に届いたら、貸借対照表にどんな影響がもたらされるのかを調べる。次に、余剰分の利益を使えるようにすることを念頭に、貸借対照表上の目標の最大値を検討する。従業員に報奨金を与えることで、余剰分の利益が、現金化できない非生産的な資産や負債に流れるのを防ぐわけだ。

例えば貸借対照表上の目標を、流動性（流動比率で表される指標）に設定したとする。流動資産が一〇〇〇万ドル、流動負債が五〇〇万ドルだとすると、流動比率は二〇〇パーセントになる。これまでの計算で、利益目標の最大値に届いたとき、税引前利益の余剰分は二八〇万ドルであることがわかっている。利益目標だけでなく貸借対照表上の目標でも最大値に達した場合、支払われるボーナス総額は一三〇万ドルとなり、差し引き一五〇万ドルの利益が手元に残る。その約四〇パーセントが税金として支払われるので、税引後利益は九〇万ドルになる（〇・〇六×一五〇万ドル＝九〇万ドル）。

そのすべてを、現金の形にしておくことが望ましい。仮に、九〇万ドル全部を使って流動負債を五〇〇万ドルから四一〇万ドルに減らし、流動資産は一〇〇〇万ドルから変動させなかったとする。このとき、流動比率は二四四パーセントに変わる（一〇〇〇万ドル÷四一〇万ドル＝二・四四）。当初の比率は二〇〇パーセントだった。したがって税引後利益をすべて現金の形にしておけば、流動比率を二割ふやせる計算になる。この二割という数字は、税引前利益率九パーセントを達成して、ボーナスの全額（給料総額の一三パーセント相当）を支払った際に期待できる最大の流動比率の伸びだ。ボーナスと税金を支払った残りの金を、すべて流動負債の減額につぎ込めば、流動比率は二割増しになるわけだ。

以上の計算を終えてようやく、貸借対照表上の目標の数値が定められる。この流動比率二割増しを達成したとき、最高水準である六・五パーセントのボーナスを支払うことにして、そこから逆算しよう。複数の支払水準を設けたいので、流動比率の改善五パーセントごとに増額する。お気づきのとおり、こうすることによって、流動資産の増大よりも流動負債の削減に現金を注ぐ傾向が強まる。というのも、仮に流動資産を九〇万ドルふやして流動負債を五〇〇万ドルに据え置いた場合、流動比率は二一八パーセントにしかならず（一〇九〇万ドル÷五〇〇万ドル＝二・一八）、流動負債を減らした場合よりも一段階低い水準のボーナスになるからだ。

4　株価を守ろう。

ボーナス制度の主眼は、一定の目標の達成という短期の誘因を従業員に与えることであり、それはそれで意義がある。誰しもこの種の報酬を必要とするものだ。だがグレートゲーム・オブ・ビジネスの真の報酬を、従業員に忘れさせてはならない。すなわち、株式という財産をふやすことだ。だからわれわれは必ず基本に立ち返って、ストップーグーターの目標が株価に与える影響を検討する。

売上高が七〇〇〇万ドルで税引前利益率が九パーセントのとき、税引前利益額は六三〇万ドルになる（〇・〇九×七〇〇〇万ドル＝六三〇万ドル）。その六三〇万ドルから、一三〇万ドルのボーナスを支払うと、五〇〇万ドルが手元に残る。その一部を従業員持ち株制度の導入に費やすことにして、一〇〇万ドルを差し引くと、税引き前利益は四〇〇万ドルに減る。さらにその約四〇パーセントは税金に持っていかれるから、手元には六〇パーセントしか残らない。したがって、税引後利益はおよそ二四〇万ドルになる（〇・六〇×四〇〇万ドル＝二四〇万ドル）。この額は今年度の留保利益で、事業拡大の資金にしたり、長期借入金の支払いにあてたり、従業員のために使ったりすることができる。一般的な経験則にのっとって、税引後利益額のおよそ一〇倍が会社の価格だと想定すると、ＳＲＣの値打ちはおよそ二四〇〇万ドルになる。

というふうに、どの計算もいたって簡単だ。ボーナス制度によって二八〇万ドルの税引き前利益が生じる。そのうちの一三〇万ドルをボーナスの形で支払う。さらに一〇〇万ドルを従業員持ち株制度に費やす。残った五〇万ドルから税金を差し引くと、税引き後利益は三〇万ドル。つまり、会社の価値が三〇〇万ドルふえることになる。それもひとえにボーナス制度を導入したおかげというわけだ。

8

一年のゲームを考える

グレートゲーム・オブ・ビジネスの要は、ゲームの年次計画につきる。一年間の行動予定を、財務諸表の形式で月ごとにこまかく規定するのだ。計画がないと、従業員は自分たちの実績を比較評価する対象も、問題点を認識する手段も、意欲や自発性や闘志を促す目標値も得られない。どうすれば互いに助け合えるのか、自分たちの仕事ぶりはこれでいいのか、毎日、毎週、毎月生み出す数字をどう評価すべきか見当がつかない。

感情が実状を見誤らせるし、障壁はどんどん高くなっていく。指導者たるあなたは、ほめ称えるべきか、警鐘を鳴らすべきかがわからない。何をしても必ずあとから従業員に文句を言われる。ボーナス制度にいたっては、導入するだけ無駄というものだ。年次計画なくして、どうやって客観的かつ数値化可能な標的を設けられるのか。さらに言えば、目標を達成したかどうかをどうやって判断するのか。

ゲームの計画を立てれば、そういった問題は解消するし、以下のような重要事項にもつねにアンテナを張っていられる。

予定よりも進んでいるか。
遅れているか。
きっかり予定どおりか。
誰が重責を担っているか。
誰が遅れをとっているか。

だが、計画そのものと同じくらい肝要なのは、その策定のしかただ。単に事実にしっかり根ざした計画を立てるだけでは足りない。従業員に無条件で受け入れられて、承認される計画でなくてはならない。ゲームの参加者全員を計画どおりに進めたいという気にさせることが肝要だ。計画どおりに進めたい、勝つためにはどんな努力も惜しまないという姿勢でゲームに臨むことを、自分以外の全員に期待できるし、自分も全員から期待されている、そんな状況を作らなくてはならない。

それほどの総意を得るには、計画の策定過程を目に見えるようにして、全員を巻きこむ必要がある。策定過程に加わっているという自覚、結果に責任を負っているという自覚が全員に生まれるようにする。そうなって初めてゲームが成立する。さもなければ、ゲームはビジネスに用いる道具ではなく、ただ自分たちを叩くための棍棒になってしまう。従業員は目標を自分たちのものではなく経営陣のものと見なすだろう。これでは、目標を設ける意味がない。自分たちの目標だという意識が欠けていては、やる気を促すのはむずかしい。

五番めの高次の法則を思い出そう。

やりたいと思わなくてはならない。

では、どうすればこれを実現できるのか。それ自体がゲームの一環となるような策定過程にするには、誰もが参加したがるような過程、自分の仕事に関わる決定にめいめいが意見を反映できるような過程、最終的に全員の意見が一致するような過程にするには、どうすればいいのだろう。しかもビジネスを妨げることなく、当面の業務から従業員の注意をそらすことなく、来年度の計画や目標を考えなくてはならない。そして何よりも大切なこととして、この作業を楽しいと思わせるにはどうすればいいのか。

まず、策定に加わることにどんな意味があるのかを従業員に示そう。年次計画の策定は、今後一二カ月間に行なうゲームを考えだす作業にほかならない。どんなゲームにすべきかについて、従業員が自分の意見を言う絶好の機会になる。大切なのは、全員がやる気満々で参加できて、ぜひとも勝ちたいと思うゲームを考案することだ。

まず、何をもって勝利とすべきかを考える。従業員につぎの点を尋ねてみるといい。

翌年度にどんな成果をあげられると思うか。
売上高や生産高をどのくらいふやせるか。
どのくらいふやしたいか。
会社にたいする不安要素は何か。
是正すべき問題点はあるか。
もっと広い作業空間が必要か。
新しい工具は必要か。
追加の報酬や手当がほしいか。

計画を立てる過程は、将来のことを考える時間、少しばかり夢を見る時間であり、前途に待ち受ける危険を予測してその影響を最小限に食い止める方策を考える時間でもある。また、従業員ひとりひとりが、みなで決めた目標を達成するためにどんな貢献をするつもりか、どんな責務を果たすつもりかを表明する機会にもなる。策定過程の終わりにこう言えたら、しめたものだ。「これはわれわれ全員の望むことだし、ここに示したやりかたで達成できる。ただし、やれると表明したことを全員が実行しなくてはならない」

アメフトになぞらえるなら、ディフェンスラインはブロックし、ランニングバックはがむしゃらに進み、パントリターナーは少しでもいいフィールドポジションを確保しなくてはならない。チーム全体が一丸となってプレーすることが肝要だ。

年次ゲーム計画の策定には、退屈な要素はひとつもない。やらざるをえない苦行として取り組むのはとんでもない間違いだ。そんなことをすれば、必ずや失敗を招く。この計画には次年度の会社の命運がかかっている。策定途中に退屈を覚えるような計画であるなら、おそらく従業員は実行段階で情熱を燃やさないだろう。いや、燃やしたくても燃やせないだろう。計画を実現する義務があるとは感じないし、じゅうぶんな努力を払おうともしないはずだ。

とはいえ経営陣が計画の策定法を一から考える必要はない。予算編成の教科書に載っているものであれば、どんな方法でもかまわない。ゲームの理論に最も忠実に従うなら次の四段階になる。

1　翌年度の売上予測を立てる。

2　その売上を達成するには費用がいくらかかるか、結果的に現金をどれだけ生み出せそうかを算出する。

3 その現金の使い途を決める。

4 翌年度のボーナス目標を定める。

じつに簡単ではないか。この作業を、興味をそそられる対象、いや興奮をかきたてられる対象に変えるのは、全員参加によって生まれるドラマだ。わが社の発足時には、何をどうすればいいのかさっぱり見当がつかず、経営陣があらかじめ計画の骨組みを作るなどとうてい無理な話だった。わたしも、倉庫の部品係も、ひとしく手探り状態で、どちらも前途に何が待ち受けているのかを知りたがっていた。

なぜ予算編成は嫌われるのか

わたしの見たところ、従業員はたいてい、気乗りのしない醒《さ》めた態度で予算編成に臨む。「経営陣のほしがる数字をフィードバックする無意味な儀式」という程度ならまだましなほうで、今後一二カ月にわたって自分たちを叩く棍棒を用意させられているというのが、おおかたの気持ちだ。予算編成を、生産性を向上させたり、利益をあげたりするための道具と見なす人はほとんどいない。それどころか、変化にさとい経営者は年次予算などにとらわれてはならないと主張する。事業環境が不安定すぎて、六カ月、九カ月、一二カ月先のことなど予想できるはずがない、すぐに使いものにならなくなる計画を立てていったいなんの意味があるのか、と。

この論拠はおかしいし、結論も大きく間違っている。確かに会社が小さいうちは、予算などなくてもたいていはなんとかなる。それに会社がまだできたばかりで事業内容も固まらないうちは、意味のある予算を編成することはむずかしいだろう。しかし事業環境について言えば、最近はかなり落ち着いて、予測が可能になってきた。もちろん将来を予測する手段を持たなかったり、現実よりも経営陣の願望に基づいて計画を立てていたりすれば、不安定で予測がつかない環境に見えることだろう。そして必ずや不測の事態に、それも不愉快きわまる事態に見舞われるはずだ。

だからといって、事業環境のせいにして諦めてはならない。必要な道具さえ用意すれば、不測の事態の大半を――少なくとも最悪の事態は――避けることができる。ゲームの年次計画は、絶対になくてはならない道具だ。ここで言う「ゲームの計画」とは、各費用項目の上限金額を示すだけの典型的な予算編成にはとどまらない。翌年度の財務諸表案一式、つまり損益計算書、貸借対照表、キャッシュフロー計算書、設備投資計画、棚卸表などあらゆる書類の作成を意味する。

無理難題に聞こえるかもしれないが、これまでに述べたふたつの道具を備えれば、うまくいくはずだ。まず6章の標準原価計算システムを導入して、商品の製造にかかる費用を算出し、ゲーム計画が何を要求しているのかを従業員にわからせる。結局のところ、従業員が全力を傾けて初めて計画の実現が期待できる。全力を傾けるためには、何をどれだけ行なうべきか、いつまでに行なうべきかを知らなくてはならない。それを知るには標準が必要だ。

次に7章のボーナス制度を導入してゲームに生命を吹きこみ、何がなんでも勝ちたいという気持ちを従業員に植えつける——つまり、計画に原動力を与えるわけだ。ゲームに参加すれば、従業員はその計画策定に関心を抱くし、協力を惜しまない。そういう状態を作ることが肝要だ。参加意識の欠如は、有効なゲーム計画の策定にとって最大の障害になる。参加意識がないと従業員は努力しないし、目標は達成されないであろう。そして経営陣は、前述の不愉快きわまる事態に見舞われる。従業員が予算編成を嫌ったら、その予算が失敗するのは当然の帰結だろう。

新年度へのカウントダウン

計画の第一段階——予定を立てる。

予定がないと、誰しも所要時間を少なく見積もりがちだし、おそらく成りゆきにまかせてしまうだろう。いつだって今年度の課題のほうが、来年度の課題より緊急に見えるものだ。その結果、重要な段階を省いたり、性急に事を進めたりせざるをえなくなる。どちらにしても、誰ひとりとして過程を楽しめないし、それでは優れた計画を作ることなどできない。

では、計画策定の予定をどうやって立てるのか。新年度の始まりから逆算すればいい。最終的に何が必要なのかを見きわめて、その作成にかかる時間を割り出そう。われわれの年次ゲーム計画では八通の書類を作る。

1　損益計算書
2　貸借対照表
3　キャッシュフロー計算書
4　販売マーケティング計画
5　設備投資計画
6　棚卸計画
7　組織図
8　報奨金計画

もちろん、これら全部を用意しなくてもなんとかなる。われわれも数年間はそうだった。絶対に欠かせない書類は、損益計算書、貸借対照表、販売マーケティング計画、報奨金計画（ストップーグーター制度の詳細もこれに含まれる）だ。わが社ではキャッシュフロー計算書、設備投資計画、棚卸計画を、現金管理の手段として用いている。この種の手段はどの会社にも必要だが、数は少なくてすむかもしれない。例えば棚卸資産のないビジネスの場合、当然ながら棚卸計画は必要ない。

われわれは計画の策定に六カ月以上かけている。本当はもう少しすみやかにできるのだが、時間をゆっくり取って、間違いなく全員に貢献の機会を与えたいのだ。はじめの二カ月は助走期間で、比較的のんびり構えて、もっぱら売上の予測に取り組む。その重要性を考えると、確たる自信をもって売上予測を下すことが望ましい。いよいよ活気づくのは、販売計画が全社に示される一〇月に入ってからで、それ以降は年度末の一月三一日、つまりSRCにとっての大晦日になるまで足取りがゆるむことはない。

あらゆる計画は売上予測から始まる

売上高が損益計算書のいちばん上に記載されるのには理由がある。売上高の欄がなければ、損益計算書は作れない。従業員のひとりすら養えない。なにしろ給料にあてる金がないのだ。

ゲームは始まる前に終わってしまっている。

計画の策定も含めて、ビジネスに関わるいっさいは売上に始まる。企業の最高経営責任者と話をすると、たいていの場合、「計画が必要なのは承知しているが、何から手をつけていいのかわらないんですよ」と言う。わたしはこう提案する。「幹部全員を一堂に集めて、今月はいくら売り上げるつもりかと販売部門の人間に訊いてみてはどうでしょう」すると、きまって同じ答えが返ってくる。「訊かなくても、わかっていますよ。きっと彼らはこう言うでしょう。『いくら売り上げましょうか？』」

ここに問題の根がある。経営陣のためにやるという認識では、正確な予測を下すことはけっして望めない。売上予測は経営陣のために立てるのではないし、そうであってはならない。予測がないと、会社全体が不利益を被ってしまう。だからこそ、ほかの部門の幹部も一堂に集めるのだ。彼らに話をさせて、次にどうすべきか見当がつかない状況で働くのはいかにもどかしいかを、販売部の人間にわからせよう。

責務を果たすにも、互いに助け合うにも、目標を定めて達成するにも、計画が必要だ。予測なくして計画は立てられないし、計画なくしてゲームは始まらない。その足がかりを販売部の人間が作る。彼らがどんな商品をどれだけ売るつもりかを告げさえすれば、ほかの従業員はそれを満たすためにどうすればいいのかを考え始められるし、経営陣はゲームの下準備に着手できる。

確かに、予測を下すことは大変な重責をともない、かなりの勇気を必要とする。だが予測がなくては、ほかのどんな責任も果たしようがない。売上予測に全力を傾けて、信頼の置ける数字を確実に得よう。予測がしょっちゅう変わっていては頼りになる計画は立てられない。

◆キーポイント◆しっかりした売上予測がないかぎり、ビジネスを制することはできない。予測を制する者は、世界をも制する。

残り六カ月——最初の販売会議を開く。

SRCでは七月末になると、オザークス湖畔の風光明媚なリゾートに宿をとり、販売マーケティング部門の人間をすべて集めて二日間の会議を開く（なんと言っても、この会議は楽しくなくてはいけない）。そして、全員が今後一八カ月間の売上目標をそれぞれ発表し、部門長がそれを取りまとめる。次に、どうやってその目標を達成するのか、今年度の残りの期間は何をするつもりか、翌年度はどういう展開になりそうかについて論じ合う。販売部門の人間はひとり残らず発言することになっている。

会議には、ほかの部門の管理職も出席する。販売部門の発表に耳を傾けたのちにありとあらゆる角度から発表内容にけちをつける。といっても、意地悪をしたり、屁理屈をこねたりするのではない。可能なかぎり説得力のある予測を導きだせるように協力するのだ。売上予測はわれわれの全計画の土台となる。したがって、なんらかの問題や誤った想定、非現実的な期待、隠れたリスクがあるなら、それを見つけだすことこそ全員の利益につながる。例えば次のような質問を販売部門の人間にぶつける。

この売上目標を達成するには、何が必要か。
生産能力、技術、設備、資金は足りるのか。
必要な部品は入手できるか。
顧客はどのくらい迅速に支払ってくれるか。
市場競争力はどのくらいあるか。
金利が上昇したらどうなるか。
契約が打ち切られたらどうなるか。
顧客が注文をふやす可能性はどの程度あるか。
逆に注文を取り消される可能性はどの程度あるか。
それに対処できるか。
万一の際の備えはどうなっているか。

できるだけ手厳しい質問を、できるだけ早い段階に投げかけよう。そうすれば新しい答えを導きだしたり、不測の事態への対応策を考えたりする時間がじゅうぶん取れる。

会社によっては――専門的なサービスを行なう会社などでは――そもそも販売部門がないかもしれない。その場合は誰であれ、顧客を連れてくる立場の人間にたいして同様の演習を行なう。それがあなたである場合は、友人や同僚に頼んで、あなたが下した翌年度の予測を厳しく批判してもらうといい。いずれにせよ売上予測を最高のものにしたいなら、手を尽くして徹底的に検討しよう。

残り五カ月――販売計画をまとめる。
標準原価にとりかかる。

売上予測の原案をつぶさに検討したあとは、やや時間をかけて、より信頼のおける詳細な予測を作成する。SRCでは、ふつうこれに二、三カ月ほど費やす。そうすれば、目の前の課題をおろそかにすることなく、納得のいくまで作業ができるからだ。この間、販売部門の人間は七月の会議で出た意見を残らず考慮に入れて、販売計画をどのように修正すべきかを考える。調査を行なう、戦略を改める、予測値を上げたり下げたりする、納期を見直す、不測の事態への対応策を再考するなど思いつくことはなんでもやる。一方で、つねに市場に目を光らせて、翌年度の事業環境に関する新たな手がかりを探る。こうして九月末に全情報をひとつにまとめて、販売計画の修正案を作り上げる。

それまでに、われわれは原価の大半を——実のところ、販売計画の最終案に左右されるものを除いて、ほぼすべての原価を——確定しておく。担当者のダグ・ロザートは、わが社の標準原価を算出することだけを仕事にしている。一年間かけて原価や費用をひとつひとつ見直すのだ。本来は会計士だが、しばらく生産部門の責任者を務めて、初代の標準原価計算システムの作成に尽力してくれた。今はほとんどの時間を、社内を歩きまわって業務に関する意見を交わすことに費やし、より正確な標準の算出に努めている。

このように会計士をゲームに引き入れることも肝要だ。彼はまた、標準をなかなか満たせない事業領域や、あまりにも簡単に満たせるので標準が意味を持たない領域にも、たえず注意を払っている——どちらの領域でも、標準の改定が必要になるかもしれない。そして九月末までには社内のほぼ全員と話をして、翌年度に標準原価をどう修正すべきか、はっきり考えをまとめておく。

いっぽうこの時点ではまだ、目標に関しては軽い意見交換を行なうにとどまっている。とはいえ、われわれ経営陣は従業員が何を気にかけているのか、何を望んでいるのかをつねに把握しているつもりだ。わたしの場合、六五〇〇人の従業員それぞれと、少なくとも一年に一回は顔を合わせて話をする。春の終わりごろに順次ミーティングを行なって、一度に二〇〜三〇人規模のグループと意見交換し、みなが何を心配しているのかについて手がかりを得る。ときには会社の改善案を出してほしいと頼むこともあるし、意識調査もたびたび行なう。例えば、ほかの給付制度に比べて従業員持ち株制度をどう評価するか、といった質問をして、その返答を参考に従業員が熱中できるゲームを考えるのだ。さらには、幹部会を通じて定期的に従業員の意見をすくい上げ、さまざまな社内行事を利用して情報を入手する。このようにわれわれは目標の設定に向けて、ありとあらゆる情報を集め、考えをまとめる材料にしている。

残り四カ月――販売計画を公表して議論する。

一〇月に入ると、計画策定の過程も最高潮に達し、売上予測の修正案が販売部門から公表される。そして、いつもより長めの幹部会で各部門の長や管理職に伝えられたのち、各部署に持ち帰られて、残りの従業員に周知徹底される。今後一五カ月間――今年度の最終四半期と翌年度――の売上予測をくわしく記した五ページの文書が、全員に配られるわけだ。

予測は実に具体的で、各製品について、どの顧客にどれだけ出荷されるかが月ごとに記されている。これは重要な点だ。曖昧な予測は使いものにならない。従業員はどう対応すべきかがわからないし、経営陣はそれに基づいて計画を立てることができない。何を、いつ、どれだけ売り上げるつもりなのかを、はっきり記そう。たとえ間違っていても、曖昧な予測よりは役に立つ。

販売計画が公表されたら、今度は社内の全員でそれを攻めたてて手厳しく批評し、欠点や矛盾を残らずあばきだす。議論は二段階に分けて行なわれる。まず、管理職から計画書を渡された職長が、自分の部署にもたらされる影響に留意しながら、じっくり目を通す（計画書に記された生産量に対応できるか。来年度に変更される事項がどれほど大きな意味を持っているか。その変更は筋が通っているか）。また、その計画書では、金額を部品の数に換算してある。例えば計画を実現するために、燃料噴射ポンプのノズルを毎月いくつ作らなくてはならないかが記してある。職長はその数を現場の人間に伝えて、議論に参加させる（その生産数に対応できるだけの人員はいるか。あるいは人員過剰にならないか。どんな設備が必要になるか。品質にどんな影響が出るか）。

　このように金額をモノに換算するのは、重要なステップだ。すぐに理解して反応できる形、日々の業務に即した形に予測を変えて初めて、従業員の貢献が期待できる。当然ながら、どういう形に変えるかは、業種ごと、業務ごとに違ってくる。外食チェーンの売上予測は、受け手が料理人であるか、ウェイトレスであるか、材料の仕入れ担当者であるかによって意味合いが異なる。航空会社の場合、パイロットは自分が何回飛ばなくてはならないか、一回の飛行は何時間になるか、どの程度休暇をとれるか、といったことを知りたがる。顧客サービス係は何本の電話を処理することになるかを、仕入れ担当者は何食の機内食を注文する必要があるかを、カウンター係は何枚のチケットを発行しなくてはならないかを……というふうに、めいめいが違うことを知りたがる。

従業員の知りたがることすべてを説明しよう。販売計画を満たすためにそれぞれが何をすべきかを具体的に示して、議論に参加しやすい環境を作る。自分が計画の策定に何も貢献できなかったら、従業員はその計画に責任を負わない。そして経営陣は、防げたかもしれない過ちを犯すことになる。売上予測に関する全社的な議論を、単なる広報活動の演習に終わらせてはならない。みなの声に耳を傾けよう。なんと言っても、従業員が数字を厳しく検討して、非現実的な予測にたいして修正を求めることが必要不可欠だ。

ときには、大きな修正も必要になる。例えば一九九〇年秋のこと。販売部門が出した翌年の楽観的な予測に対して、われわれは大きな疑問を抱いた。顧客はすでに不況で打撃を受けているが、当社はだいじょうぶなのか。何をもって当社だけ無傷でいられるというのか。説得力のある回答を誰ひとりとして出せなかったので、われわれは売上予測をおよそ一五パーセント引き下げた——これは正解だった。翌年度の第三・四半期に、当社は不況の波をもろにかぶったのだ。

一〇月末になると、各部門の管理職は販売の会議にふたたび出席して、現場の声を伝え、売上予測について意見の統一を図る。その頃には、ゲームの目標がなんになるかが一部で取り沙汰されはじめているが、適正な標準原価と売上予測をもとに、会計士が翌年度の詳細な計画を詰めるまで、本格的な議論は控えておく。

残り三カ月——販売計画を実現するための費用について同意を得る。要望や不安を探り始める。

一一月は、翌年度の標準を決定する月だ。売上予測どおりに製品を作って納品するには費用がいくらかかるかを、経理部が算出して月ごとの詳細な数字を示す。ここでもう一度検討が行なわれるが、今回はかなり焦点が絞られる。おおかたの標準は、年度ごとの数字の振れ幅が（あるにしても）きわめて小さい。何か特別な事情が生じた場合に限って、大幅な修正がなされる。例えば生産性を上げるために機械を導入したとか、部品原価を下げる方法を考えついたとか、効率のいい製造工程を編みだしたとか、あるいは特定の市場で競争が激化し、雇用を維持するために原価を切り詰める必要が生じた場合などだ。

事情がなんであれ、たいていは一一月に入るまでに、修正に関する分析や検討は終わっている。標準を定める担当者は、修正の必要が生じるたびに、それによって影響を受ける人たちの意見を聞いていく。そして、職長と管理職が各修正に同意して初めて、予算の承認手続きが行なわれる。一〇パーセントを超える修正については、わたし自身が検討を行なう。標準は公正かつ達成可能で、会社の市場競争力を保つものでなくてはならない。またゲームの参加者すべてが、標準を心から受け入れる必要がある。そうしてこそ、これを満たしたいという気持ちが自然に湧いてくる。

目標を自分で選んだら、それを達成できなかったときに他人を責めることはできない。もちろん、どんな場合でも文句を言う者は必ずいる。人間とはそういうものだ。もしかすると彼らは、達成不可能な標準を押しつけたと言って経理部を責めるかもしれない。そのときに、あなたがたは前もってすべての標準を知らされて承認しているではないかと、言い返せるようにしておくのだ。

承認を得る理由はもうひとつある。従業員は承認を与えることによって、翌一二カ月間に履行すべき契約を互いに結び合うのだ。彼らは標準を満たすという責務を負う。こういった契約はゲームの基礎をなす。契約がなければゲームは成立せず、形を変えた操縦と強制に成り下がってしまう。契約の締結はゲームの要《かなめ》だ。だから経営陣は計画について、全員の承認を得なくてはならないのである。

当然ながら、6章で説明した標準原価計算システムを設けるなど必要な基礎固めをすれば、全員の承認を得るのははるかに楽になる。

この頃にはそろそろ、目標に関するおおまかな検討も始めておいたほうがいい。近いうちに、販売計画のもとで生み出される現金の使い途を決めなくてはならないからだ。従業員に、どんな要望や不安を抱いているか尋ねてみよう。

修繕が必要なモノはあるか。
設備交換は必要か。
事務所や工場の広さはじゅうぶんか。
今後、何が最も雇用を脅かしそうか。

もしかすると、不況が近づいているかもしれない。その場合は借入金を減らす。あるいは顧客への納品が遅れ気味になっているかもしれない。その場合は製品の在庫をふやす。品質が問題なら、新しい製造工程を導入する。

どの領域に不安があろうと――経済状況にあろうと、市場にあろうと、会社自身にあろうと――原則はひとつだ。従業員が周囲をよく見わたして、最も差し迫った不安や要望を語ること。なにしろ、不安を解消したり要望に応えたりするための現金は限られているので、最重要事項を探しだすことが不可欠になる。

そのために、われわれは一一月から全社的な議論を始めて、断続的に数週間ほど続ける。まず幹部会で問題が提起され、出席者たちがそれを自分の部署へ持ち帰る。ほどなくフィードバックがある。大多数の意見が一致しているようなら、一覧表の作成にとりかかる。もう少し議論が必要となれば、社内、社外を問わず場を設けて臨時の会議を開く。こうして翌年度の現金の使い途や、修繕すべきモノについて総意が形成されるまで議論を続ける。

残り二カ月――現金の使い途を決める。目標の設定に力を注ぐ。

販売計画と、製造原価およびその他の費用に関する数字がすべてそろったら、ただちに翌年度の損益計算書を作成する。月ごとの表に分けて、何を、いつ行なうべきかをはっきりさせるのだ。さらにこの損益計算書をもとにして、貸借対照表とキャッシュフロー計算書の原案を作成し、それらを用いて、現金の使い途に関する本格的な議論を始める。

われわれはふつう、この作業を一二月に行なう。来年度の財務諸表一式を作成して、幹部会で発表し、「ほら、もしこのゲーム計画を実施して標準を満たしたら、これだけの現金を生み出せるぞ。生み出した現金を、なんに使えばいいかね？」と尋ねる。その問いを管理職が各部署に持ち帰る。

この時点から、経営者たるあなたはなんらかの決断を迫られる。その場合は貸借対照表を指針にしよう。きっと現金を使うべき場所が見えてくるにちがいない。例えば工場施設、土地、機械設備にいくら資金を投じればいいのか。これはＳＲＣのような資本集約的な事業ではとくに重要だが、およそどんなビジネスにおいても、答えを出さなくてはならない問題だ。既存の機械設備で切り抜けることができるか。そろそろ一部を取り替えるべきだろうか。既存の施設が手狭になってはいないか。町向こうのあの建物を買ったほうがいいか。こういった疑問への答えは、翌年度の設備投資計画のたたき台になる。やはり月ごとの数字に分けて、何に、いくら資金を投じるかだけでなく、いつ投じるかもはっきりさせる。

棚卸資産というものが存在するビジネスでは、現金がそこに流れこむ可能性がある。気をつけていないと、必要以上の現金が棚卸資産に変わってしまいがちだ。したがって、棚卸計画も立てておいたほうがいい。販売計画どおりに製造するとしたら、どんな部品や資材が新たに必要になるか。いつ必要か。どんなペースで製品の出荷を行なうのか。そういったことを、やはり月別に数字で示しておく。

現金がどこへ流れようと、計画は必要になる。ここでは、貸借対照表の項目――資産および負債――に的を絞って論じ、損益計算書に記載されるべき費用や原価については省略していることに留意してほしい。ビジネスによっては、顧客の接待に大金を費やすかもしれないが、そういった費用は損益計算書の原案を作成する際に考慮に入れている。

計画策定のこの段階では、来年度末の貸借対照表のあるべき姿を見きわめることが必要だ。生み出した現金が建物や設備、在庫などに投じられたら、ボーナスや配当、自社株の買戻し、借入金の支払いなどにあてることはできない。誤解されては困るが、在庫をふやしたり、建物に金をかけたりするなと言っているのではない。もしかしたら在庫の増加が顧客サービスの改善につながるかもしれないし、施設の充実が従業員の士気を大いに高めるかもしれない。ならば何をさておいても、それを行なおう。ただし、じゅうぶん考慮したうえで現金の使い途を決めることが肝要である。

常識で考えると、誰も注意を払っていないという理由だけで、現金が消えてなくなるはずはない。ところが、本当に消えてしまうのだ。従業員が盗むからではない（とはいえ、計画がなければ横領もはるかに起きやすい）。現金は、あなたの望んでいなかったモノ、必要としないモノに使われてしまうのだ。

だからこそあらかじめ、現金の行き先を決めておこう。ビジネスの現状をしっかり把握して、どこに資金を投じるべきかを見きわめる。候補は在庫、機械設備、備品、車両など、いろいろ考えられる。それぞれの部門で、本当に必要なものを割りだして計画を立てよう。この段階でも、決定によって影響をこうむる人々——つまり倉庫係、技師、機械の操作係、職長や部門長など——から、できるだけ多くの情報を得ることを心がけなくてはならない。決定による結果を背負うのは彼らなのだから、ぜひとも決定作業に参加させるべきだ。ゲームの進行に必要な装備が整っているかどうかを従業員に尋ね忘れたせいで、計画の総意が損なわれることのないように気をつけたい。

何に現金を注ぐべきか検討する際は、貸借対照表とキャッシュフロー計算書の原案を目の前に置こう。一二月から一月にかけて、われわれは絶えずこのふたつの書類をにらんで、何度も数字を変えては、従業員持ち株制度に費やしたり自社株を買い戻したりする資金力や、ボーナスの支払能力に、どんな影響があるかを試算する。例えば現金が不足気味であれば、予定していたコンピュータの購入や工場施設の拡充をとりやめる。そして流動性の改善につながるようなボーナス目標を検討する。

じつを言うと、現金の使い途の決定とボーナス目標の選定は、ともに会社の長期的な安定を考慮しなくてはならないので互いに密接な関係にある。このふたつを決定する前に、従業員の要望や不安について意見の統一を図っておこう。SRCでは一二月のなかば頃には、総意が形成され始める。設備投資計画と棚卸計画をとりまとめる際、全社から返ってきたフィードバックに基づいて、ボーナス目標の候補一覧も作成し始める。また目標値の想定と、それが損益計算書や貸借対照表にもたらす影響の算定にもとりかかる。ただし、目標を確定するのは最後の最後になってからだ。

それまでに、ありとあらゆる情報を入手しておきたい。なにしろ、これらの目標は来年度のわが社の最優先事項になる。達成のために全員があらん限りの力を注ぐだろう。目標を選定することは、「これらが当社の命運を左右する数字だ。来年度をよい年にしたければ、これらについて立派な成績をあげるしかない」と告げるにひとしい。一月に入る頃には、われわれはその選定を行なう準備を整えている。

残り一カ月――ボーナス計画を確定する。最終計画を提出する。

前章で述べたように、ボーナス制度の目標にはふたつの標的がある。ひとつは、損益計算書の項目、もうひとつは貸借対照表の項目だ。どちらの達成にも少なからぬ力が注がれるので、その過程で確実に会社の体力が強化されるようにしたい。必然的に、目標を定めるまでの間は会社の弱点について考える時間が多くなる。

強みも弱みも営むビジネスによって異なるし、同じビジネスでも年度によって異なるものだ。弱点は雇用の安定を脅かす。従業員が懸命に働いても、その弱点ゆえに外部の要因によって職を奪われかねない。では、その危険性を最小限にとどめるにはどうしたらいいか。対策のひとつがボーナス制度だ。

会社の弱点を補うような目標を定めよう。もちろん、弱点をすっかり取り除くことはできない。過ちをひとつ残らず回避することもできない。やることなすことすべて成功させるのも、無理な話だ。誰でもときには過ちを犯す。そうしてこそ何かを学ぶ。したがって、雇用を脅かすことなく失敗できる余地、過ちを犯せる余地を、従業員に与えることが重要になる。

われわれはその余地を生み出すために、まず雇用確保にとって最大の脅威は何かを見きわめる。次に、その脅威の払拭に全員の関心を引きつけるようなボーナス目標を選定する。要するに、雇用確保に必要な対策を施せばその見返りを得られることを約束するわけだ。われわれは毎年、みずからの弱点克服に賞金を賭ける。例えば、「指名手配／一時間二九ドルの製造間接費配賦」とか、「指名手配／流動比率の二〇パーセント引き上げ」という具合に。そして、それを果たした際には、自分たち自身にたっぷり報酬をはずむ。

ほかの会社が同じ手法をとれないはずがない。何はさておいても、それぞれのビジネスにとって脅威となるものを特定する。実のところ、これはわけなくできる。従業員に尋ねてみるといい。彼らは答えを知っていて、すぐに教えてくれるはずだ。身のまわりで最も気にかかることは何かと尋ねてみよう。

社内で業績のよくない部門はどこか。
商売敵に劣っている点は何か。
経済状況の何が気にかかっているか。
何が会社を危険にさらしそうか。

必ずや、包括的かつ赤裸々な脅威一覧が手に入るはずだ。

いかなるビジネスでも、この種の一覧は作っておいたほうがいい。ボーナス制度において注目すべき項目を教えてくれるからだ。しかしながら、脅威をボーナス目標に転じるためには、もう一歩進んでこれを数字で表さなくてはならない。目標が達成されたか否かを明確に知るための、絶対的なものさしが必要だ。従業員がボーナスゲームの結果を心から信頼し、得点表が正確かつ公正で、客観的であること、誰にも操作されていないことを信じて疑わない。そういう状況であればこそ、目標に達したときに勝利は彼らのものとなるし、目標に届かなかったときに責める相手は、ほかならぬ彼ら自身となる。わずかの差で目標に達しなかったが、実はその判定に主観が入っていたなどという事態は避けたい。そのような経営者は、経営というものをまったくわかっていないことになる。成績にかかわらずボーナスを与えても、むなしい勝利を生むだけだ。逆に与えるべきものを与えなければ、激しい怒りを買ってしまう。いずれにしても、ボーナス制度は動機づけ要因としての役割を果たさない。

われわれはほぼ毎年、品質を脅威として挙げながらも、一度もこれをボーナス目標に選んだことがない。確たる判定を下す方法が、どうしても見出せないのだ。したがって、品質問題にはほかの制度を通じて取り組み、ボーナス制度では財務諸表を用いて数値化できる目標を追求している。例えば、ある年には流動性を標的にした。従業員がこれから不況に向かうのではないかと考えて大きな不安を抱いていたので、深刻な不況を乗りきる体力がつくような項目を選んだわけだ。流動性が高くなればなるほど、会社は景気の悪化に柔軟に対応できる。それに流動性は、流動比率——短期の負債にたいする短期の資産の割合——という指標で測ることができる。そういうわけで、流動比率を高めることがその年の目標のひとつになった。

実のところ、貸借対照表と損益計算書それぞれの目標は互いに補完し合う傾向があり、結果的に、同じ不安材料への対応策となることが多い。例えば数年前、従業員がある社内的な問題点を口にし始めた。手持ちの部品や資材の量を正確に把握できないのだという。棚卸表の精度が四〇パーセントにまで落ちこみ、書類上では必要な部品がそろっているのに、取りにいってみたらなかったということがしょっちゅう起こった。

棚卸資産は資産なので貸借対照表上の項目だが、生産性にも大きな影響を与える。もし必要なときに部品がなかったら、それを手に入れるまで生産がストップし、ひいては損益計算書にも悪影響が及ぶことになる。標準原価計算の担当者は、棚卸表の精度を九五パーセントにまで引き上げれば、生産性が大幅に向上するだろうと言った。まさにそのとおりのことが起こり、棚卸表の精度が上がるにつれて利益もふえた。驚くべき結果だった。製造間接費の配賦率が大きく伸びて、経費率が大幅に下がり、結果的に損益計算書上の目標の達成にもつながった。

もちろん、多くの場合本当にむずかしいのは、誰もが適正と認める目標値を算出することだ。その過程は、6章で述べた標準やベンチマーク（評価基準）の算出方法と変わらない。まったく同じ要領で取り組もう。そして、従業員の不安や要望がわかったら、狙うべきベンチマークを定める。そのベンチマークをボーナス制度に導入すれば、じつに効果的な教材ができあがる。刺激的なボーナスゲームを利用して、財務諸表上のベンチマークを達成したら個人的な目標も達成できることを従業員に示そう。短期の目標のみならず、長期の目標、大きな夢をも達成できるということを。

だが、そのためには目標選定の過程を従業員にオープンにして、彼ら自身に目標を選ばせなくてはならない。そうすれば、経営陣は年度の残りの期間ずっと、くじけるなと従業員にはっぱをかけるだけですむ。会社のためにあれをしろ、これをしろと命じなくてもいいのだ。彼らの目を、会社よりも大事なもの、つまり自身の生活に向けさせられる。従業員はみずからの雇用を守り、みずからの夢を実現させようとする。経営陣のために行なうのではなく、自分のために行なうのだ。もし差しだされた金をものにできなかったら、彼らは敗者になってしまう。経営陣の役割は、勝者になれるように手を貸すことだ。

懐疑論者へのご招待

おそらくみなさんのなかには、こんなことを言う向きもあるだろう。「目標値は系統だてきちんと定められているようだが、ビジネスというものは、そんなに先が読めるものではない。思ってもみなかった機会や問題に次から次へと遭遇するはずだ。五月に新しい顧客が現れて、計画全体が狂ってしまったらどうするのか。突然、手強い商売敵が現れて、原価構造を根本から変える必要が生じたら？　年度を通じて使える計画を立てることなど、できやしない。このご時世ではどうやっても不可能だ」

あなたがた懐疑論者全員を、当社主催の月一回のセミナーと、幹部会議にご招待する。ご連絡くだされば、手配はこちらで行なおう。われわれが損益計算書を一行ずつ検討するところをご覧いただきたい。ひとり、またひとりと、予測値との差が一〇〇ドル以下の数字を報告するはずだ。浮き沈みの激しい年度でさえ、月間売上の誤差は五パーセントに満たない。正直なところ、現実とは思えないほど予測値に近いのだ。

とはいえ、たとえ予測をくつがえす何かが起こったとしても、けっして年度の途中でゲーム計画を変更してはならない。計画が使いものにならなくなったら、われわれの最初の計画のように打ち切ればいい。さもなくば、そのまま続行する。計画変更は、ゴルフトーナメントのさなかに各ホールのカップの位置を変えるようなものだ。もちろん、あらかじめ何もかも見越して計画を立てることはできない。必ずや思いがけない展開があるだろう。

SRCでは数年前、年度の途中に新しい事業を始めた。予定にはなかったことで、起ちあげにはかなりの費用がかかったし、しばらくのあいだ利益があがらなかった。その年、われわれはボーナスを逃した。新しく事業を始めたせいもあるが、大きな原因は別にあった。この年度の売上は予測を約四〇〇万ドル上回っており、支払水準の第一段階である五％で計算しても二〇〇万ドルの税引前利益を上乗せできるはずだった。しかし実際の税引前利益は予測を七〇〇万ドルも下回っていたのである。われわれは負けたのだ。どんな不測の事態が起きようと、計画を変更してはならない。何があろうと、そのまま続行するべきである。

わが社にとってストップ－グーター制度の目標を選ぶことは、ゲーム計画を立てる道のりの終点を意味する。そしてこれまでのすべての労力は、次のせりふを言うために存在する。

「この目標こそが、われわれの最も気にかけていることであり、われわれの最も望むことなのだ。目標を達成する方法はここにある。来年度はこの月別計画に従って、われわれの雇用を脅かすものと闘い、夢の実現を目指そう」

このせりふが言えるのは、一月になったとき、つまりわれわれの事業年度の最終月になったときだ。その時点までに、検討中のさまざまな目標に関して意見を述べる機会を全員に与え、総意に基づいて目標をふたつか三つに絞っておく。また、何度も試算を繰り返して、7章で述べた支払水準と総額を算出する。そしてついにボーナス制度の確定という、ゲーム計画の最終局面を迎えるのだ。

ここまでの各局面はすべて、みなが親しみを込めて「バイブル」と呼ぶ三穴式の大きな黒い帳面に記載される。われわれは幹部会でこの新しいバイブルのコピーを配って、「ご意見は？　何か変更したい事項はあるかね？」と尋ねる。たまに変更が求められることもあるが、われわれはたいてい、もっと早い時期に議論を尽くしている。ぎりぎりになって大きな変更を加えたくはない。

★八番めの高次の法則
従業員は目標を自分で定めたなら、たいてい達成する。

最後の仕上げとして、この計画案が役員会にはかられ、そこでもう一度、検討が加えられる。不測の事態への対応はどうなっているか。逃げ道は確保されているか。この対策が役に立たなかったらどうするか。この想定が実現しなかったらどうするか……。行きすぎを抑えて均衡をとるしくみを点検し、社内管理のありかたを再検討する。すべてがしかるべく機能するように準備されているかを確認する。そしてようやく、計画実行にのりだす。年度の最終週に、「さあ、これが新しいゲームだ」と告げるのだ。

9 円陣会議《グレートハドル》

★九番めの高次の法則

誰にも注意を払われないと、工夫しなくなる。

従業員がしたことの結果を見なければ、彼らは工夫しなくなる。結果の良し悪しは問題ではない。毎日働きに行って、その仕事が良いか悪いか誰にも注意を払われず関心を持たれなかったら、工夫をやめてしまうだろう。

円陣会議《グレートハドル》を開くのは、関心を従業員に伝えるためだ。あなたたちのしていることを知

りたい、というメッセージをわれわれは毎週伝える。

グレートゲーム・オブ・ビジネスの現場を見たければ、わが社の週に一度の幹部会をのぞいてみるといい。会議は、スプリングフィールドのディヴィジョン通りにあるビルの会議室で、毎週水曜日の午前九時に開かれる。出席者はふつう五〇人ほどの管理職と職長と、そのほかの関係社員で、社外からも、顧客や監査役や銀行員や納入業者や他社からの訪問者などが参加する。会議室に集まってきた人たちは、立ち話をして冗談を言ったり、情報を交換したり、釣り針を見せ合ったりして、誰もがくつろいだ様子でいる。やがてブザーが鳴る。映画館で照明が落ちてカーテンが上がる前に鳴るような、あるいは野球場で投手がウォームアップを終え、先頭打者が打席に立つ前に鳴るようなブザーだ。

出席者はみな、得点の計算という週に一度の儀式を楽しみにしている。われわれはこの場で、ストップ・グーターのボーナス目標に向けた現在の位置を知る。まさにこの会議室で知るのだ。出席者は各部門の最新の数字をもって会議に臨む。損益計算書のあらゆる項目について、その月が終わる時点で自分のチームが達成できる、正確で新しい査定額を出してくる者もいる。

まず、わたし（あるいはわたしが欠席の場合は代理の司会者）が手短かに話したあと、順番に自分の数字を発表していき、その間ほかの人はその数字を得点表、つまり損益計算書の空欄に書き入れる。「えっ」とか「ほう」という声が上がり、悪意のない野次が聞こえる。報告された数字が、計算書の片方に印刷されたゲーム計画の数字とどう違うか、そして、前の週に書き入れた数字とどう違うかが一目瞭然となる（二六三ページに見本あり）。そのため、報告ごとに何かしら反応がある。仕入れが多すぎるのではないか？　製造部門は一週間でこれほど多くの間接費をどうやって負担したのか？　この自動車売上額は突然どこへ消えてしまったのか？　あの保証問題を解決できないと言ったのは誰だ？

虚勢がある。はったりがある。狼狽《ろうばい》も見られる。自信に満ちて図々しいほどの者もいれば、ちょっと臆病な者もいる。全員が手の内を見せるので、同僚を貶《おとし》めたいと思う者はいない。誰しも英雄になりたがるが、ここで英雄になるためには、自分と自分の部門が業績をあげなければならない。そして、よい数字を持ってこなければならない。報告が終わると、経理部長はその数字が確定されたと仮定して、得点つまりその月の税引前利益（あるいは損益）を発表する。そして、次の議題へと移る。

職場の現状を知る

水曜日の会議は、ＳＲＣでのあらゆる業務の中心だ。社員の生み出す数字がすべてここに集まり、ここで足し算や引き算をされて、仕事に役立つよう公表される。社員ひとりひとりがグレートゲーム・オブ・ビジネスに必要な情報を提供するわけだ。だからこそ、ときにこの会議は円陣《グレート》会議《ハドル》と呼ばれる。

会議が終わると、視界がさっと開ける。今、誰がどこにいて、ゲームがどのように進行していて、確実に目標へ近づくために各自が何をすべきかがわかる。

ただし、どんな会議でもそうだが、ほんとうに大切なのは円陣会議の前後に何をするかだ。事実、会議というのは、組織内を上へ下へとつねに動いているコミュニケーションの鎖のひとつにすぎない。会議で出された数字は各部門へと伝えられ、そこでは二、三日のうちに何度かミーティングが開かれる。三六時間以内に社内のほぼ全員が、自分たちの今いる場所や、得点を上げるためになすべきことなどの最新情報を知り、その情報を各自の仕事のなかで活かす。そうして彼らもまた広い視野を手に入れ、全体像を見ることができるようになる。ストップ－グーターの目標に近づき、ボーナスを手に入れ、職を維持し、自社株の価値を上げ、富を生み出すには何をすべきかがわかるようになる。実際にどんな方法をとるかは彼ら次第だ。以前使った方法を使ってもいいし、新しい方法を見つけだしてもいい。いずれにせよ全員が正しい方向に、そして同じ方向に向かっていればいい。ビジネスの成功のカギを握るこうした小さな改善を生み出すために、われわれは力を合わせて働いている。

これがグレートゲーム・オブ・ビジネスの核心であり、毎週毎週ゲームを行なっていくことの意味なのだ。ここで、われわれはオープンブック・マネジメントのあらゆる原理を実践し、それまでに学んだ教訓をとり入れ、ここで自分たちが開発したすべての道具、つまり標準、ゲーム計画、目標、支払い水準、勝利へのさまざまな方法といったものを使う。この方法で、われわれは誇りと経営者感覚をつねに新しくし、互いの信頼と尊敬を生み出し、信用を築き、社員の目に炎を灯している。

なによりも、この方法で職場から無関心を追放し、金儲けのしかたを教え、それがなぜ大事かを示すことができる。円陣会議を毎週開き、数字の変化を見てその背後にある事情を聞きながらビジネスや人生や夢の実現について学ぶ。製造現場の人間だけでなく、みながつねに学んでいる。そしてまた楽しんでもいる。ここには行動があり、ドラマがあり、高揚感がある。質のよいゲームに見られるようなスリルがある。

毎週の円陣会議がなければ、このどれも味わえない。円陣会議は組織内の配電盤の役割を果たしている。社員同士を結びつける手段であるとともに、会社全体の歩調や色合いや雰囲気を決める役目も担う。わが社の円陣会議がいかに大きな位置を占めているかを考えると、ほかの多くの会社が定期的な幹部会も開かずに運営していけるのは、わたしから見れば驚きだ。

意志の疎通というのは、どんな業界においても最もむずかしいことのひとつだ。なぜなら、人は自分の聞きたいことを聞くから。

何も聞かされないと、社員は憶測する。疑心暗鬼になる。何気なく噂話をするようになる。定期的な幹部会のない会社には、決まって噂話が渦巻いているし、ほかにも多くの問題がある。噂話はとても高くつく。社内コミュニケーションのなかで、最も大きな代償を要求するものだ。噂話は恐れや不信や不和や非現実的な期待や無知を生む。会社が抱えるあらゆる問題を標的にし、事態をさらに悪くする。そのため、法外な金がかかることになる。

ひどい幹部会でも何もしないよりはマシだが、あくまでもマシというだけだ。わたしが工場長としてスプリングフィールドへ来たとき、そこでは朝の幹部会があった。管理職全員が集まってコーヒーを飲み、ロールパンを食べる。話し合いのおもな内容は、次の会議でロールパンが何個必要かということだった。ほかに何を話し合えばいいのか、誰も知らなかった。

よくあるタイプの幹部会は、メルローズパークでわたしが出席していたような会議だ。毎週金曜日の朝、いろいろな部門の長と工場長が一同に会し、二、三時間にわたって工場長がわれわれに説教をする。要求する数字について話すのだが、それを達成するための方法は示さない。声を大きくして問題点をいくつも指摘するのだが、それを解決するための助言は与えない。会社の裏事情を教えはするが、秘密にしておくよう命じる。われわれにはただ座って話を聞かせる。われわれの意見など求めない。自分だけが話をしたがる。

上役からの一方通行。これが幹部会の一番の問題点だ。こういう会議はみなの時間を無駄にするだけである。もしあなたが上役だとしたら、あなたの時間をも無駄にする。そして何より、よきリーダーとして必要な情報を得ることができない。部下から力をもらうこともできず、伝えたいメッセージを行きわたらせることもできない。メッセージはすべてゆがめて解釈され、思ってもみないものに変えられてしまうからだ。さらに話した内容とはなんの関係もないことが、おもなメッセージとして伝わる。

すべては、あなたのやり方に原因がある。幹部会をひとりで牛耳ってしまうと、部下の意見に価値を置いていないことが、そして部下に何かを変えられるとは思っていないことが伝わる。それはおそらくあなたが伝えようとした内容とは違うだろう。そんなことは思ってもいないかもしれない。しかし、部下にはそう聞こえる。

とはいえ出席者に意見を言わせたり、会議自体を実りあるものにするだけではじゅうぶんではない。たとえ管理職とすばらしい会議を開いたとしても、組織内の残りの人たちを輪のなかに入れていなければ、利益の多くを失う。従業員たちは除《の》け者にされたように感じ、恨みさえ抱くかもしれない。そこから得られるのはチームワークではなく、無知と疑惑だ。障壁はどんどん高くなる。

間違えないでほしいのだが、ここで言っているのは、会社が内部の意志疎通のために行なう定期的な幹部会のことだ。わが社も含めてどの会社でも、それ以外にさまざまな会議があり、なかにはオープンな参加型にできない、そしてすべきでないものもあるし、内容の一部が参加者以外には知らされない場合もある。

しかし、定例幹部会というものは特別な役割を果たしており、ほかの会議とは一線を画している。定例幹部会の最も重要な役割は、組織を築き上げることだ。会社をひとつにまとめ、経営について従業員に教えなければならない。管理職には管理に必要な道具を与え、前線で働く従業員には、仕事に必要な道具を与えなければならない。曖昧さのない明瞭なメッセージを送り、あらゆるレベルでの意志の疎通を奨励しなければならない。共通の価値観と目標を持つ人たちを一体化しなければならない。

そのすべてを、われわれは円陣会議で実行している。会社全体が円陣会議をあてにし、楽しみにしている。実際、人気がありすぎて、会議室が手狭になってきたほどだ。しばらく隔週にしていたことがあったが、抗議が殺到したためあわてて元に戻した。会議をできるだけおもしろい、高揚感のある、そして効率的なものにしようとはしているが、会議そのものがよいだけではいけない。ほんとうに大事なのは、その場にいない従業員にとって価値があるかどうかだ。彼らもまた参加者でなければならない。自分たちが会議での話し合いに直接影響し、そして会議での話し合いが自分たちに直接影響することを知らせるべきだ。

わが社では、みながそれを知っている。従業員に情報を与え、従業員を巻きこむシステムを確立したからだ。このシステムは、ある程度まではわが社に固有の経験と、事業の特異性を反映している。しかし原理には普遍性があるし、基本的要素つまり手順のひとつひとつは、どんな産業のどんな会社にも適用できる。ゲームと同時にそのようなシステムを導入するのが一番だ。

ゲームというものは一定の周期《サイクル》を持っている。例えばメジャーリーグの場合、一試合九イニング、そして一シーズン一六二試合というサイクルがあり、それが終わると来シーズンの周期を考え始めることになる。アメリカンフットボールでは、オフェンス側に四回のダウンが与えられ、一試合は四つのクォーターに分かれ、シーズンごとに一六回の試合がある。どんな競技も基本的なパターンは同じである。

グレートゲーム・オブ・ビジネスも周期で組み立てられている。週ごとに、月ごとに、四半期ごとに、年ごとに周期がある。われわれは一週間の周期をひとつのゲームととらえている。ひとつのゲームは四つの段階から成り立っている。

円陣会議はゲームの第一段階だ。

第二段階は水曜日の午後から木曜日にかけて。円陣会議に出席した社員が各部門に戻って、それぞれのチームのメンバーと一緒にもう一度数字に目を通していき、メンバーは自分の得点表を埋める。このような強化会議は円陣会議とは違って、いわば講習会のようなものだ。そこではグループのリーダーが数字を分析し、数字の背後にある事情を説明し、社内の情報を伝え、最新の得点に照らしてチームが何をすべきかを話し合わせる。

ゲームの第三段階では、プレーヤーが現場に戻って講習会で話し合ったことを実践に移す。

彼らは円陣会議からの情報を、それぞれの仕事のきびしい状況に当てはめていく。例えば現金が不足しているなら、経費を切り詰め、物資の供給にいっそう注意を払うようにする。利益目標における支払い水準を一段階上げるため、間接費を負担する必要があるなら、清掃や業務上の雑用を後回しにして生産に集中する。どんな状況であろうと標準を指針として使いながら、得点を上げるために各自ができることをする。その間、コーチ役（上司）は各プレーヤーが自分のいる場所を知り、仕事に必要なものを得られるようにすることで彼らを励まし助ける。

第四段階は、次の円陣会議の直前に始まる。そのときまでには得点が変わっているものの、すぐに見分けがつかない場合もあるので、管理職は調査し確認しなければならない。そして得点を記録する。

それぞれのチームの仕事ぶりが会社全体に波及して、ほかのチームの結果にも影響を与える。例えば製造に携わる従業員が、物資の供給や経費を抑えると、その効果は技術部門の数字に現れてくる。そうなると今度は情報は逆の方向へ、つまり前線の従業員や職長から、円陣会議で数字を報告する管理職へと流れる。火曜日の午後から水曜日の早朝にかけて、いわば円陣会議に備えた円陣会議のようなものが何度か開かれ、部門内部の管理職たちが集まって、前の週の見積もりを修正する。そして損益計算書のすべての項目を検討する。管理職たちはその項目に責任を持ち、それぞれの数字がその月の終わりにどうなっているか見通しを立てる。水曜日の午前九時、彼らは会議室に集まり、得点を再検討して新たなゲームを始める準備に入る。

これがグレートゲーム・オブ・ビジネスの基本的な周期だ。ずいぶん時間がかかるように聞こえるかもしれないが、実際は、毎週開かれるさまざまな会議を合わせてもひとり四時間も使っていないし、従業員の九五パーセントは一時間以内で終わる会議のひとつに出席するだけだ。この周期を月に四回ないし五回繰り返す。ひと月が終わると、経理部が実際の数字を集計し、その月の財務諸表を配布する。それを見れば、ひとりひとりが自分たちの最終見積もりにどの程度近づいたか、そしてほかのチームの成績がどうだったかがわかる。その間にも、すでに次の月の周期が始まっている。

当然ながら、どんなゲームでも賞金がふえ続けていけば楽しみもふえる。毎週毎週、月末が近づくにつれて楽しみになる。ボーナス制度のおかげで。支払いは年四回行なわれるので、最初の二カ月では数字が伸びなくても、三カ月めで埋め合わせることができる。いっぽう最初のひと月が好成績だと、ボーナスを逃がさないよう大きなプレッシャーがかかる。こうして毎週のゲーム、毎月のゲームだけでなく三カ月ごとのゲームもあり、月を追うごとに、前の月よりも少しずつ気持ちが高まっていく。

さらに、ボーナス制度の設定にも、前述のとおり次のような工夫を凝らしている。

●四半期ごとに、ボーナス資金の割合が大きくなっていく。

●前の四半期に使われなかったボーナスについては、すべて次期に持ち越される。

その結果、四半期から次の四半期へと報奨金は上がっていき、高揚感が続くので全員が年度末まで熱中できる。そうして一年のゲームにつながっていく。

こうしたことすべてを可能にしているのが、毎週の会議を中心としたコミュニケーション・システムだ。このシステムのおかげで、全員がいつでもあらゆるゲームの最新得点を知ることができる。そして決定事項を全員が確認できる。

全員が決定事項を確認したとき、ゲームへの準備を全員が整えたことになる。

意味のある円陣会議を行ない、それを最大限に利用するための助言

われわれのような方法でゲームを行ないたければ、従業員に行動を起こさせるためのこうしたシステムがなんとしても必要になる。とはいえ、わが社と同じシステムでなくてもいい。それどころか、会社によってシステムはおのずから異なってくるし、またそうであるべきだ。人と同じように会社にもそれぞれ違いがあり、なかでもコミュニケーションの方法は、その差異が最も顕著だ。自分も部下も快適だと思えて、なおかつ企業体としてのパーソナリティに合った言語と方式をみずから作りださなければならない。他社のやり方を自社の状況にとりいれる必要もあるし、自分たちで新しいテクニックを発明する必要もあるだろう。

例として、あるトラック運送会社のケースを取り上げてみよう。その運送会社の社長はわが社を訪れ、われわれと同じような週一度の会議方式を採用することに決めた。社長によれば、ただひとつの問題は、従業員の九〇パーセントがつねに道路に出ていて、国内のあちこちへ貨物を運搬していることだという。だから毎週の定期的な会議に出席させるのは無理だという（わたしはファックスと携帯電話を支給するよう提案した）。

いっぽう、四〇の州に一〇〇ほどの卸売流通センターを作った人物の場合——彼は自分なりのゲームを実行しているのだが——毎週の会議などはまったく行なっていない。その代わり、きちんとした損益計算書を事業の要ともいえる各センターに送ることで、毎月の数字を知らせるようにした。そして、集中的な教育の機会を数多く設けている。われわれのシステムとは違うが、彼は大変うまくやっている。

ほんとうのところ、どんな会社でも効果的なコミュニケーションの方法を開発しようとすると、難問に突き当たるものだ。それを克服する手助けがほしいのなら、わたしとしてはまずその難問を従業員に説明して、アイデアを募ることをすすめる。あるいは以下にあげる、われわれが何年もかけて学んだ教訓があなたの会社でも役に立つかもしれない。

おしゃべり

わたしの父は、インターナショナル・ハーヴェスト社に入社するまでプロ野球の選手だった。わたしに野球を教えてくれたし、何が起きても対応できるよう準備しておくことの大切さも教えてくれた。準備には肉体的なことも含まれる。例えば、二塁を守っているなら前傾姿勢を取り、かかとを浮かせて、どの方向にでも動けるよう準備しておかなければならない。しかしそれと同時に、自分に話しかけることで冷静さを保ち、できる限り試合に集中しておく必要がある。

それがおしゃべりの効用だ。おしゃべりのおかげで、動きを要求されたときにより速く反応することができる。すばらしいプレーをするための準備法のひとつなのだ。同じ方法がほかのスポーツでも使われている。空手の場合は気合。円盤投げの場合は咆哮《ほうこう》。ビジネスでも同じだ。わが社ではそれが会計用語や数字であり、間接費の負担や労働の有効利用といった話だ。株式分割とは？　売上高とは？　標準とは？　きみのところは標準に達しているか？　こんな言葉が会議室だけでなく作業現場でも、社員食堂でも、廊下のそこここでも、そして勤務後ビールを飲みながらでさえ始終交わされている。この方法で社員はゲームに集中し、どの方向へでも動ける準備を整え、勝つために必要な準備を整える。そのおかげで最大限に力を発揮することができる。

おしゃべりがどれだけ耳に入ってくるかで、会社がうまくいっているかどうかがわかる。おしゃべりは、社員がやる気になり、熱中している確かな証拠だ。見せかけでおしゃべりはできない。その気がなければ社員はおしゃべりをしない。同様に、上司から無理強いされてできるものでもない。

精力的な販売組織では、社歌のあるところも多く、社員はその歌を合唱してから営業に出かけていく。トーマス・J・ワトソン・シニア時代のIBMがいい例だろう。ほかの会社では、独自の言葉や文化を使って社員におしゃべりをさせようとしている。会社の個性の一部になるようなフレーズを考えだし、それを使って社員に共通の目標へと向かわせるのだ。

しかしそういうやりかたが効果を発揮するのは、前もって地固めができていて、信頼が確立されており、ゲームに集中することの重要性を社員が知り、みずから参加している場合だけだ。適切な状況を生み出しもしないで、おしゃべりを生み出そうとしてはいけない。それをしている会社は、組織の権力という最悪の方法を行使している。恐怖心を利用し、巧みな操作をして社員に特定の態度を強要する。それは間違っているうえに不毛でもある。みずから望んでするのでなければいけない。おしゃべりは、社員が失職を恐れているときではなく、勝つことに集中しているときに生まれるものだ。

わが社では、毎週の会議のプロセスを通じておしゃべりが生まれる。円陣会議と講習会で数字にたいする自覚ができ、ある種の言いまわしに慣れる。いったん言語を獲得すれば、それを使えるようになる。管理職たちは負債資本比率、間接費の負担、棚卸表の精度改善などという用語を使い始める。すると、ほどなくほかの社員もそうした言いまわしを使い始め、おしゃべりが生まれる。

それが教育にもなる。社員がひとりでに学べる環境ができるからだ。周囲には売掛金、流動比率などという用語がつねに飛び交っている。用語を理解できない社員も、次第に聞き慣れて覚える。そして、つねにそういう言葉にさらされる状況に置かれ、やがて「なるほど! やっとわかった」ということになる。それがおしゃべりの効用のひとつだ。そして、いつのまにか浸透していく。倉庫長のひとりが言うには、部下たちが棚卸表の正確さを徹底するようになったのは、それによって組み立て部門の間接費配賦率が伸びるとわかったからだ。それこそが、おしゃべりのダイナミズムだ。自分のしていることがほかの誰かにとって重要だと知るところから、おしゃべりは生まれる。

●会議は定期的に、時間どおりに行なう。

わが社の定例会議で何より重要なのは、毎週水曜日の午前九時に始まるのを全員が知っているということだ。今週は火曜日の十時半で来週は水曜日の三時で、その後また九時に戻るなどということはない。いつも同じ日、同じ時間に同じ場所で開く。そうすれば、従業員はそれをあてにできるし、計画を立てられる。会議を中心として毎日すべきことを決められる。会議はいつどこで開かれるのかと考える無駄な時間も必要ない。注意力はすべてゲームに集中させることができる。

●数字をコントロールしていられるよう、あまり間隔をあけないで行なう。

ある時期しばらくのあいだ、わたしは会議を隔週にしたことがあった。従業員が退屈だろうと思ったからだ。会議で情報を交換し合うとき、従業員のほとんどは何も発言しなかった。わたしは腹を立てた。彼らは努力をせず、関心もないのだと思った。いっぽうでは、われわれは頑張りすぎではないかとも思った。ちょっと休息が必要なのかもしれない。そして、こう言った。「もういい、会議は隔週にしよう」

それが間違いだった。驚いたことに、誰も喜ばなかった。人は会議が少ないほうが嬉しいだろうと考えがちだが、彼らは何より得点を知ることを望んでいたのだ。会議を隔週に変えたせいで、仕事のリズムがすっかり狂ってしまった。自分たちのしていたことを見失い、目標達成のためになすべきことを見失った。

二週間も会議なしというのは長すぎた。次の会議までのあいだに、周囲の状況がどうなっているのかわからなくなった。項目によっては、月末の損益計算書の実際の数字と、見積もりの数字が三〇~四〇パーセントも違ってしまった。部門間の壁がどんどん高くなっていくのがわかった。問題が起きると、従業員同士が原因をなすりつけ合った。気軽なおしゃべりもなくなった。まるで禁断症状だ。実際みなが震えていた。それで元に戻すことになった。

幹部会を隔週にするな、と言うつもりはない。隔週がちょうどいい会社もあるだろうが、わが社にとっては大きな誤りだった。ここから学んだ教訓は、数字をコントロールできる間隔を見つけだし、それを確実に守るということだ。

●損益計算書のすべての欄に、名前と顔を結びつける。

円陣会議を開くおもな利点は、経営に人間の顔を与えられることだ。そうすれば見えざる敵、つまり「うまくいかなかった」とか「状況がつかめていない」などという主語のない曖昧な表現は避けられる。実際こういう見えざる敵が、次々と会社を潰していく。疑惑と無知と不和の種をまき散らすからだ。その種を見つけて、会社が潰される前に潰さなければならない。われわれは、ことあるごとにその努力をしている。

見えざる敵と闘う方法のひとつは、財務管理の責任を分割し、すべての数字、すべての欄に実際の従業員を当てはめることだ。水曜日の会議で出席者から数字が発表されていくとき、それは主語のないものではない。工程管理はパムから、売上はジェフから、製造はアイリーンから直接聞いている。だから、ただ数字だけを、例えば経理から聞いているときのような反応は誰も示さない。名前のわからない誰かが悪い結果を出すと、われわれは腹を立てる。ところがアイリーンが悪い結果を出すと、何か手助けできないかと考える。そこには人と人とのつながりがある。みな互いに助け合いたいのだ。誰かが落ちこんでいると、ほかの誰かが近よって手を差し伸べる。

こうしたつながりを確立するためには、損益計算書に人間の顔を与える必要がある。要するに、5章で述べたプロセスを実行することが肝要なのだ。損益計算書のおもな項目を、掌握できる要素に細分化し、各要素を社内の誰かに割り当てる。そうすれば、その人が会議で数字を報告する責任を担うことになる。ほとんどの場合それは、その数字に大きな影響を持つチームの管理職だ。もし、部下のほとんどが製造に従事しているのなら、その部門の代表者に労働賃金の報告をさせるといい。ほとんどが営業に関わっているのなら、営業の誰かを責任者にする。このやりかたは、数字を動かす人物とその数字を結びつけ、報告の責任をできるだけ広げるためのものだ。代表者を会社のあらゆる分野から出すのを忘れてはならない。

●意見のある従業員は誰でも参加させる。

わが社の幹部会は社内の誰でも参加できるが、会議に出席する者にはたいがい、きちんとした理由がある。報告すべき数字や知らせたい情報があったり、ぜひとも知っておきたい件があったりするのだ。出席者はほとんどが、部門の責任を担う部長や管理職である。とはいえ会議を排他的なものにはしたくないし、会議が謎めいたものであってはならない。見慣れた風景の一部であるべきだ。だから、年間を通して多くの社員を参加させるようにしている。なかには参加することを嫌がる者もいる。ある管理職は、職長をときどき会議に連れてくる。例えばシリンダーヘッド部門の責任者だ。その人物が連れてこられると、悪い数字を報告することがみなにわかる。管理職は、彼に責任をもって会議に参加させ、自分で説明させようとするのだ。そうすれば、二度と悪い数字を出さないよう多少なりとも自覚を促すことになる。

●形式は決めておくが、退屈にならないようにする。

わが社の会議は通常一時間半ほどかかる。その間あらゆる分野を網羅し、しかも出席者の関心を引きつけておかなければならない。そのためシンプルな形式を作っておいてそれをけっして変えず、なおかつ内容はおもしろく、進行速度もスピーディにするよう心がけている。会議のはじめに、わたしはいつも短いコメントを述べて雰囲気を落ち着かせ、課題が見つかりやすいような環境を整えるようにしている――このことはのちほど説明する。それから出席者の発言を二巡させる。一巡めは前述した方法で、損益計算書の数字を発表する。これは、内容がわかってさえいればおもしろい作業だし、出席者はみな内容がわかっている（ただし外部の人からは進行が速すぎると言われる）。この作業が終わると、税引前利益目標にどれだけ近づいているかがわかる。

二巡めはさまざまな伝達事項や、その他聞かせたい情報を報告する。例えば新しい顧客や重要な出来事、業界のさまざまな動きから釣りの成績、ゴルフの成績、個人的な成果までなんでもよい。この作業はいわば、ひとりひとりが立ち上がって近所の出来事を報告する町の寄合のようなものだ。冗談、追悼や祝福の言葉、笑い声があちこちから聞こえる。われわれは、こうして共同体の絆を強めていく。

その間に、経理部長は報告されたばかりの数字をすばやくキャッシュフロー計算書にまとめる。貸借対照表の目標のどの位置に自分たちがいるかを知るには、この計算書が必要なのだ（キャッシュフロー計算書を見れば、現金をどれくらい持っているか、どれくらい生み出しているか、それをどこに使っているかがわかり、それがわかれば、貸借対照表の目標に達したかどうかを知る手がかりになる）。二巡めが経理部長のところまで来ると、得点表がもう一枚配られる。今度は白紙のキャッシュフロー計算書だ。経理部長が数字を読み上げ、われわれはその数字を表に書き入れる。

これで、得点の読み合わせができたわけだ。四半期の終わりが近づいていれば、経理部長はこのほかに前回の会議での収支状況と、目標達成のためにすべきことを記した印刷物を配る。これは、あと一歩という悔しい状況を避けるためだ。目標に〇・〇一パーセント足りないとすると、必ず誰かが一〇〇〇ドル相当の黒字分を見つけてきて一気に押し上げてくれる。

二巡めが終わると、わたしは最後に結果を要約して会議を終わらせる。たいがいは会議の最初に話したテーマに戻るが、ときには出席者のひとりが言ったことを取り上げもする。いずれにせよその目的は、たった今聞いた数字と現在の状態、つまり職場の現状にもとづいて、社員に共通の目標と思えるものを再確認することだ。

そして会議は終わる。

●ボスではなくリーダーになる。

もしあなたが会議を取り仕切っているなら、すべての答えを知っている人物にならないよう注意する必要がある。会議はわたしに報告し、わたしからの指示を仰ぐ場だ、などと社員には思ってほしくない。わたしにとって大事なのは、責任とより大きな利益のための道具を社員の手に委ねておくことだ。事後に姿を現わして「こんなことはすべきでなかった」と社員に言うのはたやすい。しかし、そうしてしまうと、社員はあらゆる決定をわたしに任せ始めるだろう。だから、そういううしろ向きな批判は控えるようにしている。そして、つねに前向きに考え、社員にもそうすすめている。

社員にはわたしの先を行ってほしいし、できるだけ遠く、わたしの前方を進んでほしい。それを手助けするための道具がわたしには必要だし、彼らにも道具が必要だ。われわれはみな財務諸表という同じ道具を使っている。だからみな同じ方向に進んでいる。いわば、足並みをそろえて荷台をひっぱる馬たちの大きなチームだ。そこには混沌としたメッセージではなく、財務上の結果があるだけだ。

ただし、受け身になれというのではない。それどころか社員を先導し教えなければならない。彼らの心に種をまく機会を探す。重要な点を強調し、数字の背後にあるいきさつに関心を持たせる。そのいきさつこそ、数字がどこから来たかを示すものであり、数字と実際の顔や実際の出来事とを結びつけるものだからだ。社員はそのいきさつから学ぶことができるので、機会を見つけては、そのいきさつを話すようにする。

種をまく大きな機会のひとつは、会議の最初にやってくる。何を話し、どこにみなの注意を引きつけようかと、わたしはいつも時間をかけて考える。経済情勢や国内問題を話題にする場合もある。地元の出来事、例えば町の大手企業が倒産しそうだ、などという話題のときもある。わが社が直面している戦略的問題であったり、みなで祝福すべき成功であったり、時代の風潮であったりもする。わたしはつねにものごとの背景や展望を示す話題を、そして数字と情報を耳にするにあたって注意すべき話題を探すようにしている。

会議のはじめに言葉を発したあとは、最後までほとんど社員たちに話させる。何事も順調に進んでくれるのが望ましい。出席者が特別よい数字を報告したときには、ほかの人たちと一緒に祝福する。悪い数字のときには説明を聞く。よいにせよ悪いにせよ、誰もが数字の背後にあるいきさつを聞きたがる。会議が終わるまでには課題が見えてくる。どこに弱みがありどこに強みがあるかがわかり、何がうまくいったか、目標達成のために何を改善すべきかがわかる。そうした課題を要約して、わたしが最後に話す。それが数字に込められたメッセージであり、出席者以外の社員に結果を伝えるときに強調すべき内容である。

●数字をほかの社員にも知らせる。

円陣会議のあとで起きることのほうが、円陣会議の中で起きることよりも重要だ。それを忘れてはいけない。会議の出席者のあいだにだけ情報がとどまっているとしたら、作業のすべてが大いなる時間の無駄になる。だからこそ、われわれはこれほど講習会に重きを置いているのだ。出席者は必要な情報をできるだけ多く抱えて戻り、できるだけ速くそれを伝える。小さな部門では講習会は一回だけだろう。大きな部門になると八回も開かれることがある。例えば製造部長は、現場の職長七人全員と会う。そして七人の責任者は現場に戻って、同じような集会をそれぞれのチームで開く。その集会で、社員たちは数字や情報を知るだけでなく、得点を伸ばすために何ができるかも知ることになる。

例えば生産部門の長が、工場の資源配分について職長と話し合う（注文に応じて出荷できるじゅうぶんな部品がそろっているか？　分解の工程に人をふやすべきか？　ターボチャージャーの問題で打つべき手はあるか？）。職長は数字に貢献できる個々の方法について部下たちと話し合う（シフトごとにもう何時間かこの穿孔機を動かすと、どれくらい間接費を負担することになるか？　研磨盤をいくつか再利用して現金を節約してみたらどうだろう？　別の機械の部品を補修すれば、廃品からも利益を捻出できるのではないか？）。

こういう話し合いが何より大切だ。話し合いなしには、教育も改善もあり得ない。これは必ず行なうべきだ。わが社には長いあいだ、この話し合いを行なわなかった工場がひとつある。工場長は嘘をついていた。それがわかったとき、わたしは工場長を解雇したが、この経験から学んだこともある。現在では週に一度、全社で現場調査を実施し、全員に最新情報が行きわたるよう徹底している。

●必ず自分で書き込ませる。

二、三年前までは、最新の財務状況を社員に週一度伝えるだけでいいと考えていた。講習会では話し合いも説明も指導もじゅうぶんにしていたものの、それだけだった。あるとき、工場のひとつがまったくゲームをしていなかったことが発覚し、わたしは悪い夢を見るようになった。もしかしたら、われわれは自分たちの活動の成果を過信しているのではないか、財務諸表を理解できるようきちんと部下に教えていないのではないか、書かれたものがすでに多くあったので、教えていると思い込んでいただけではないか。そのことを何度も話し合った結果、全社員に白紙の得点表を配ることにした。社員は講習会で数字を聞くだけでなく、その数字を自分で書き入れるようになった。

これは、教育の全過程のなかでもきわめて重要な一段階であり、もっと早く実施すべきだった。週に一度会社の状況を社員に報告するというのは、信用を築くことだ。情報を書き留めさせるというのは、教えることだ。教育は反復で成り立つ。かけ算を覚えるのと同じだ。頻繁に行なっていれば習慣になる。それこそが狙いだ。社員が知るべきことをきちんと教えるようにしたいし、職場から無知を追放し、何をすべきか理解できるよう社員を教育したい。

毎週の得点表

独立から数年間、われわれは毎月の損益計算書を会議室の黒板に書き入れていた。わたしが黒板のそばに立ち、出席者から発表される数字を書き入れる。そしてそれを合算し、税引前利益目標がどのくらい達成されたかを確認する。現在でも基本的には同じ方法だが、得点表は印刷されており、この得点表は会社が変化するたびに、そして改良のアイデアが出るたびに方式が変わる。

1 売上予測――これは比較的新しく改良した項目で、早めの警告システムとして機能するよう設定した。毎週、販売部門からの出席者が、今後六カ月間のわが社の売上をアメリカとカナダの両方について見積もる。もし予測が急に変わっても、対処する時間がまだあるあいだに問題に取り組むことができる。

2　計画――この欄には年次ゲーム計画の数字がそのまま入る。各部門で今月出せると予測した数字だ。

3　メープル、ウィロー、マーシュフィールド、ニューストリーム――この四つはＳＲＣが所有および経営している別会社だ。メープルストリートはもともとわが社の工場で、現在は重機エンジンを専門に扱っている。ウィロースプリングは自動車エンジンを分解修理する工場だ。マーシュフィールドは全額出資の子会社で、トルクアンプと呼ばれる部品を再製品化している。ニューストリームは顧客のひとつとの合弁会社で、トラックエンジンの修理部品一式を組み立てている。

4　売上額――注文品が出荷され、返品分を差し引くまで売上額は記録しない。したがって実質売上額の計算は、納入遅れの注文品と返品分を総売上額から差し引いて行なう。

5　標準売上原価――わが社の標準原価システムでは、出荷する商品を生産するのにかかる原価がただちにわかる。実質売上出荷量と年次ゲーム計画の標準をかけるだけだ。

6　総標準収益――実質売上出荷量から標準売上原価を差し引くと、総標準収益が出る。これは、すべての製品が基準内の速度で生産できた場合の総収益だ。「総収益」とは売上額から、顧客が買う商品やサービスを生産するための原価を単純に差し引いたものだ。この値は、非生産部門の経費を補ってなお利益が出るくらい高くなければならない。そうでないと問題が生じる。

7 ※棚卸資産――棚卸資産は貸借対照表の項目だが、ここに記すのは、つねに注意していたいからであり、キャッシュフロー計算書を会議中に作成しなければならないからでもある。

8 製造差異勘定――現実の数字が標準とぴったり同じになることはまずない。標準とずれると、「差異勘定」が出る。これは実際の原価と標準原価との差だ。実際の原価のほうが高いと、好ましくない差異勘定が出て、総標準収益から控除しなければならない。標準原価より低いと、差異勘定は良好で、総標準収益がふえる。われわれは、製造原価のあらゆる側面での差異勘定を記録し、それを合算する。好ましい差異勘定はカッコでくくる。

9 貢献差益――これによって、製品から得られた実際の総収益がわかる。この数字を出すには、総標準収益から全製造差異勘定を差し引く（全差異勘定の数字がカッコでくくられていれば好ましい状況で、その場合は総標準収益に付け加える）。

10 経費――これらはすべて営業経費で、実際の製品と直接は関係がない。

〔スプリングフィールド・リマニュファクチャリング社損益見積書〕

マーシュフィールド　　ニューストリーム

月別連結収支

	計画	1	2	3	4	5	6（カ月）
売上予測　アメリカ							
カナダ							

売上額	PLAN	メープル	ウィロー	●	●	TOTAL	パーセント
売上（カナダ）							
売上（アメリカ）							
遅延							
出荷可能							
打切り							
返品・廃棄・引当て							
総出荷額							
標準売上原価							
総標準収益							
※棚卸資産							
製造差異勘定							
購入価格・再配分・運賃							
材料消費・廃物							
仕入調整							
労務効率							
間接費							
間接費吸収							
間接費配賦							
総製造差異							
貢献差益							
経費							
製造							
販売							
総務							
持株分担							
補償（支払）							
補償（免除）							
差異							
補償（未払）							
補償総額							
経費総額							
営業利益							
営業外利益・営業外経費							
営業外収支							
子会社収益							
支払利息							
営業外経費総額							
継続的事業活動からの収益							
棚卸資産処理プログラム							
税引前利益（損益）							
各月税引前利益率							
累積税引前利益率							

11 営業利益——営業利益の数字を見れば、会社の実際の営業からどれくらい利益が出ているかがわかる。この数字を出すには、貢献差益から経費を差し引く。

12 営業外利益・営業外経費——わが社の場合、おもに子会社からの収益と、返済される借金の利息を指す。

13 継続的事業活動からの収益——営業利益から営業外経費を差し引くと、継続的事業活動からの収益が出る。これは、超過棚卸資産を処理するプログラムがないかぎり、税引前利益と同じになる。

14 棚卸資産処理プログラム——名称の示すとおり。

15 税引前利益（損益）——同様。

16 各月税引前利益率——その月の税引前利益率。

17 累積税引前利益率——その年の税引前累積利益。これが五パーセントを超えると、ボーナスの支給対象領域に入ることは前述のとおり。

オープンブックを利用した統率法

一九九一年五月の初め、わたしは難問に直面した。世の中の経済は停滞していたが、わが社は創業以来、最も良好な第一・四半期を終えたばかりだった。問題は、テーブルの上に大金を積み上げはしたものの、行く手には非常にきびしい状況が控えていることだった。週に一度の幹部会に社員が集まったとき、わたしはこの組織に向けてどんなメッセージを出すか決めなければならなかった。四半期の見事な成績をほめるべきか？　機会を逃がさないよう社員をますます発奮させるべきか？　行く手に立ちこめる暗雲を警戒させるべきか？　こういう問題で悩むことは、まさに経営者妙利に尽きる。結局、わたしはいつもどおりのことをした。つまり、数字に語らせたのだ。社員はメッセージをきちんと理解してくれた。

わが社のシステムは、ともすれば現場の人間に益をもたらし、より意味深い人生を与え、未来への希望を与える手段として語られがちだ。もちろんそれは事実だと思っている。しかしポイントは、開かれた会社を経営するわれわれには、秘密がほとんどないということだ。最大の恩恵を受けているのは、トップにいる人間かもしれない。

背中を押すべきとき、慰めるべきとき、励ますべきとき、非難すべきとき、叱るべきときを知ること。

それは、とてもむずかしいことだろう。ともすれば動揺して、小さな問題をおおげさにとりあげ、大きな問題を見過ごしがちだ。客観性を保つなんらかの手段を持っていないと、同じ場所をぐるぐる回って間違った合図を送ってしまうことになる。励ますべきときに落ち込ませてしまう。見守るべきときにおせっかいを焼いてしまう。冒険させるべきときに、言い訳を用意するよう教えてしまう。だから何か指針が必要なのだ。そこで数字が役に立つ。

数字を見れば、その組織の実態がわかる。誰が好調で誰が不調か、誰が上向きで誰が下向きか、誰が大成功し誰が愚かな失敗をしたか、誰がやりがいのある仕事を必要とし、誰が休暇を必要としているか。最高経営責任者の仕事は、組織の数字のトップにいることだ。わが社のシステムのおかげで、その仕事は非常に楽だ。社員は毎日数字を生み出す。わたしはその数字を即座に受け取れる。そして、それは正しい数字であり、現実の数字だ。そのまま債権者に知らせることができる。われわれが最新の数字を把握していることに部外者は驚く。多くの会社は、わが社のような数字を出すのに数週間かかるし、その数字でさえ、仕事に直接携わった社員から聞いたものでないため正確とはいえない。数字は経理部によって集計され、事実を反映しているかどうかの確認もされない。

わたしは数字を指針として使うことができる。危機が訪れる前に徴候を読みとることができる。おかげで状態がまだ良好なうちに手を打てる。とはいえ、たんに社員に何かをさせるという意味ではない。問題点を指摘し、それを未然に防ぐ機会を与えるのがわたしの役目だ。

会計上の数字がわかれば、問題にたいする新たな展望が見えてくる。社員を育てることができるし、少なくとも何が悪いのかをきちんと把握できる。

わたしは会社に問題が生じても、それで悩むことはない。大事なのは社員が解決に向けて動いているかどうかだ。問題はつねに生じる。重要なのは問題を解決するために何をしているかだ。数字は展望を与えてくれる。何がほんとうに重要で、何が重要でないかを教えてくれる。目標を達成できないのが一カ月だけなら問題ではないが、それが三カ月続けば問題だ。

数字がわかれば、社員に冒険させるときに必要となる安心感も得られる。どこまで社員を自由にやらせ、どの段階でわたしが口をはさみ彼らを引き戻すべきかがわかる。これはとても重要なことだ。社員を成長させたいなら、冒険させ、失敗させなければならない。むずかしいのは、どこまで失敗を許し、どこで線を引くかだ。わたしにとっては数字が指針となる。ひとりの社員の失敗、あるいはひとつの部署の失敗がほかにも危険を及ぼしそうになったとき、数字はそれを教えてくれる。

数字のおかげで妄想症にならずにすむ。

会社の長たる人物にとって、妄想症は職業病のようなものだ。社内のあらゆる問題や不満や批判が耳に入る。忠実でない社員が目に入る。会社の金をだまし取る社員もいるかもしれない。そういう状況であれば、社長が妄想症になるのも無理からぬことだ。妄想症は会社を蝕《むしば》んでいく。注意していないとだまされる、と社長は考える。「だまされないよう自分を守れ」と書かれた看板を背負って隅に追い詰められている自分の姿には気づかない。なかには自分を守りすぎて、勝つことも、成長することも、利益をあげることもできなくなる社長さえいる。だまされると思うだけで耐えられないのだ。

だから、周囲に高い壁を築き上げる。壁を取り払ってみると、社員のほとんどはもともとだます気などなかったことがわかる。悪意を持った一割か二割の人間から自分を守るためにシステムを構築し、善意の八割か九割の人間を遠ざけてしまう。よくあることだ。規則はつねに、破る者のために作られる。その過程で善意の相手まで罰してしまう。それは公平ではないし、大きな誤りだと思う。もしわれわれがＳＲＣをそういうやりかたで経営していたら、一九八三年には純資産額一〇万ドルだった会社を、一〇年足らずで二〇〇〇万ドルの会社に成長させることはできなかっただろう。

10 全員がオーナー意識を持とう

ほとんどの会社は、社員に時給八ドルほどを支給し、それでよしとしている。SRCではそのほかに株も与える。というのも、われわれは夢をかなえるために商売をしており、社員にもそれぞれの夢をかなえてほしいし、全員が株主になれば成功する可能性が高まるからだ。事実、ひとりで株を抱えているより、おおぜいに分け与えたほうが富をより多く蓄積することができる。SRCの株価が現在のようになったのは、社員が成し遂げた業績のおかげだ。もし、わたしとひと握りの幹部だけで株を抱えていたら、会社はこれほど成長しなかっただろう。

それは、雇われ人たちの会社よりも、経営者たちの会社のほうがどう考えても優秀だからだ。わが社では、社員に経営者としての習慣を身につけさせ、経営者のように考え行動させるため、できるだけのことをしている。自分が経営者だと思えば、勝つために必要ならどんな小さなことでもする。電話を一本よけいにかけて、顧客を喜ばせる。部品ひとつの価格をあと二五セント削る方法を考えだす。ホテルの部屋やレンタカーにではなく、商品の売り込みに金をかける。製品に付着した油のしみをきちんとぬぐってから箱に詰めて出荷する。

とはいえ、社員が経営者意識を持ち得るのは、より大きな目的がある場合、そして給料のためだけに働いているのではない場合に限られる。経営の専門家たちが提唱しているような、単に勤務時間を選ばせたり、職場をきれいに塗ったりする方法だけでは従業員を経営者に変えることはできない。たしかにきっかけにはなるが、じゅうぶんとは言いがたい。なによりも社員には全体像を把握させなければならない。自分が何をしているのか、なぜそれが重要なのか、自分たちがどこへ向かっているのか、そこに到達するために会社がどう手助けしてくれているのかをわからせなければならない。それができて初めて社員は自分の足で踏み出し、会社から与えられた道具を使ってグレートゲーム・オブ・ビジネスを行なおうという気になる。

株は、わが社のグレートゲーム用キットの五番めの道具だ。あとの四つが目標に達したときに、社員に分配することになっている。四つとは標準、ボーナス制度、年次ゲーム計画、円陣会議を中心としたコミュニケーション・プロセスだ。この四つの道具を使って、社員は着実に会社の価値を高め、しかもその過程を楽しむことができる。標準を上まわることで、一日ごとに勝利を味わえる。全体的な得点をアップすることで、一週間ごとに勝利を味わえる。ボーナス制度に従って報奨金を得ることで、四半期ごとに勝利を味わえる。そして年次計画の目標を達成することで、一年ごとに勝利を味わい職を守ることができる。

ただし、大きな勝利は株式ゲームによってもたらされる。税引後の利益が一ドル出るごとに、わが社の株価は約一〇ドル上がる。これは実質的にキャッシュと同じだ。社員が退職するとき、SRCの株ならどんな株でもわれわれは買い戻す。社員はその株を従業員持ち株制度（ESOP）によって現金化する。場合によっては特別な「売買窓口」も設けて、ここで働く人たちがSRCの株を売買できるようにしている。いずれにせよ、従業員と元従業員を合わせると、一九八三年以来総額で六〇〇〇万ドル相当の株が売買されている。

しかし一番儲けたのは、株をずっと持っている人と、ある時期に売買窓口で買った人だ。一九八三年に買収されたとき、SRCの株価は一〇セントだったが、一九八六年一月一日には四ドル五セントになり、一九八九年一月一日には一三ドル二セントになり、一九九一年一月一日には一八ドル三〇セントになった。つまり八年間で一万八二〇〇パーセント上昇したことになるが、これはおそらく控えめな計算だろう。わが社の純資産額は、社外の監査法人によって一年ごとに決められる。会計年度が終了すると、この会社が徹底した監査を行ない、あらゆる取引で使われる公式な株価を設定する。こうした会社の多くがそうであるように、われわれが使っている会社も評価が控えめになる傾向がある。あまり額が高くなると、顧客を圧倒しかねないからだ。したがって株を公開した場合には、市場価値はこれよりかなり高くなると考えられる。

これは相乗効果の魔法だ。実際今この瞬間も、多くの会社が年間収益の二五倍から三〇倍の額で公然と株式を売買している。よく考えると驚きだ。ある会社が税引後にXドルの利益をあげたとすると、一般の人はその会社の株を買うのにXの三〇倍も払うことになる。手の中にある一ドルが、公式の株式市場では突然三〇ドルに跳ね上がる。純利益が一〇万ドルあれば、投資家から三〇〇万ドルが得られる。これはギャンブルで儲けるのに似ているが、ただしこちらのほうがはるかにリスクは少ないし、ルーレット盤の回転を調整することもできる。

株でなら莫大な富を築くことができる。まるで油田を掘りあてるようなものだ。これほど高い確率で、これほど儲かるゲームはほかには考えられず、わたしはこれまでいくつものゲームをプレーしてきた。機会を見つけては金を賭けてきた。自分が結果に影響を与えられるのだから、最高に楽でうまい取引だといえる。勝つかどうかはかなりの部分、自分が左右できるのだ。

資本主義のこのゲームを考えだしたのは誰だろう？　もちろん、わたしではない。わたしが生まれるずっと前からすでにあった。わたしはただ、ほかの人たちにプレーのしかたを教え、このゲームがどれほどすごいかを示しているだけだ。株で大当たりすれば借金を返せるだけでなく、実際に夢をかなえることができる。チャンスはすぐそこにある。それを手に入れれば、自分や家族のためによりよい暮らしができる。そのためにこそグレートゲーム・オブ・ビジネスを実践しているのだ。われわれはこのメッセージをＳＲＣで働く人たちに向けて、つねに送り続けている。

株がこのメッセージを現実にしてくれる。

しかし、このあたりで会社経営者の多くがゲームから脱落する。

株を分配する前の段階までは、経営者の誰もがグレートゲーム・オブ・ビジネスを気に入ってくれる。しかし、経営する会社が自分の所有でなかったり、大きな会社の一部門であったり、単に株を道具として使う手段がなかったりする場合に問題が出てくる。彼らはわたしにこんな質問をする。

●**株を持たせなくてもグレートゲーム・オブ・ビジネスができるか？**
●**社員が株を所有しない場合、ほかのやりかたでうまくいくか？**
●**実際には経営者でない社員に、経営者のように考え行動させることはできるのか？**

答えはすべてイエスだ。標準を設定しボーナス制度をまとめ、ゲーム計画を考えだし、わが社の会議システムのようなものを通じておしゃべりを広める。そうすれば社員は反応し、学び、行動を起こす。そして収益をあげて資産を作る方法を探し始める。実際にそうなった会社をいくつも知っている。そうした会社は、社員が株を所有していなくても、ほとんどが非常にうまくいっている。

とはいっても本物の経営者意識を植えつけないかぎり、社員への教育は完成しない。最も重要な教えがすっぽり抜けてしまう。宝を見せるだけで、そのありかへ到達する方法を示さないことになる。

株というのは、ビジネスを長期的に考えるための基本だ。腰を落ち着け、目先の満足を犠牲にして、その先にある大きな儲けを追求するための最良の手段だ。自分で株を所有してそれを理解すれば、将来のために富を築き上げることの大切さがわかる。そして長期的な視野をもってものごとの決定ができる。日々の雑事に注意を向けながらも、その本当の目的を知っている。これこそ、持続的な成功をつかむための最良の方法なのだ。

株を分配しない会社は、間違いを犯している。取り除くべき障害をかえって積み上げ、社員が伸びる可能性を制限している。社員の足をひっぱっているとさえいえる。そればかりか自分たちの足をもひっぱっている。なぜなら株は経営上、最も効率的な手段のひとつだからだ。

ウォルマート効果――株式市場によって社員に報い、やる気を与える方法。

アメリカの会社のほとんどは、大きなチャンスを逃している。なにせ、金を出さずにボーナスを出すことができるのである。社員の業績への見返りとして、株券と呼ばれる紙を配ればいいのだ。それ自体はただの紙かもしれないが、経営状態のよい会社であれば、その紙を買いたい人が出てくる。遅かれ早かれ、社員たちはそれらの紙を現金化できるようになる。

この道具を最も有効に利用しているのが、ウォルマートの創業者で会長でもあるサム・ウォルトンだ。たしかにウォルマートは買収のしかたも、商売のしかたも、値のつけかたも、店舗選びの戦略も特別なのだろうが、成功のほんとうの秘訣は世界じゅうのどこよりも意欲のある働き手がそろっていることだ。ウォルトンは株で社員をやる気にさせ、社員に儲ける機会を与える。ウォルマートの株ならば可能なかぎりいくらでもほしがる投資家がおおぜいいることをよく知っているからだ。その結果どうなるか？　ウォルマートの成功につながるちょっとしたことをするたびに、社員は一般投資家から利益を得、定期的なボーナスを得る。株価が上昇すると、レジで働く女性の稼ぎはもはや時給五ドルではなくなる。その二倍、三倍、四倍も稼いでいることになるのだ。

そこで、ウォルトンは社員がさらに多くの株を手に入れられる方法を探す。例えば、会社がひと株三五ドルの株一〇億株から、ひと株一七ドル五〇セントの株二〇億株に分割する許可を得ると、社員に分配できる株が急にふえる。そして短期間のうちに、一般投資家によって株価は元の三五ドルにまで跳ね上がる。この方法でウォルトンは株価をつねに低く抑え、社員が買いやすいようにする。のちに株価が上がると、社員はボーナスを手にし、一般投資家がその分を支払うことになる。

もちろん、一般投資家もばかではない。彼らは支払った分の代価を得ているし、ウォルトンも得ている。なぜなら、そうしたボーナスにはメッセージがついているからだ。社員にそのメッセージがきちんと伝わるようウォルトンは各店舗に掲示をし、本社でつかんだ相場の変動や最新の株価をリアルタイムで知らせている。ウォルトンのメッセージはこうだ。「ここにあなたがたの宝がある。これを大きくするかどうかは、あなたがた次第だ。なすべきことをなせば、いくらでも大きくすることができる」

社員はそのメッセージを受け取り、ウォルマートのために懸命に働く。店は清潔になり、店員は親切になり、サービスは迅速になり、価格は安くなる。従業員たちは販売、笑顔、客への愛情といった基本に忠実になる。気が散って基本をおろそかにすることもない。家を買ったり子どもを大学に行かせたり、両親の看病をしたいと考える場合、費用をどう工面しようかと悩む必要はない。ふたつも三つも職をかけもちする必要もない。株の一部を処分すればいいだけだ。

至るところに大金持ちがいる。ウォルマートでレジを売っている従業員には、百万長者に近い人もいて、その収入の大半を支払っているのは社外の誰かなのだ。したがって、ウォルマートの経営コストは非常に低く、モラルは非常に高い。そのことが一般投資家にとってウォルマートの株を魅力的なものにしている。経営者たちの会社に投資すれば利益が得られることを、一般投資家ははっきりと認識しているから喜んで投資する。そして、ますますよい方向へと循環していく。

株を利用すれば、以上のようなことができる。商品や商売の基本的原価構造に影響しない方法で、社員に報いることができる。その結果、競争相手よりも人件費を低く抑えて会社を維持しながらも、会社への貢献の見返りとして、多額の報酬を手にする機会を社員に与えることができる。その意味で株は、わが社がストップ－グーター制度にもとづいて支払うボーナスに似ているが、それよりもさらにすぐれている。なぜなら株を分配すれば相乗効果を利用できる。そしてさらに大きな報酬、つまり高いレベルの教育を与えられる。時給八ドルの従業員に、自分自身への投資によって時給二〇ドルを稼げる方法を教えることができるのだ。

それならばなぜ、あらゆる会社が社員に株を分配しないのだろう？　それほど利益が大きくコストが安いのなら、よほど融通のきかない経営者でないかぎり株を分配するはずだ。ところが、よく知られているとおり、持ち株制度を導入している会社はいまだに例外的だ。無知も手伝っているのだろうが、欲深さがひと役買っているのは間違いない。

しかし株を分配しても、経営者が貧乏になることはない。実際サム・ウォルトンはアメリカ屈指の金持ちだ。欲深さよりも大きな要因は、恐れだろう。経営者や重役の多くが株を分配したがらないのは、情報を公開するのが怖いからであり、その理由は5章のオープンブック・マネジメントのところで述べたとおりだ。これは、まったくの不合理というわけではない。株価を左右する数字を社員に見せないのなら、株を分配する利点はない。持ち株制度を活かすにはオープンブック・マネジメントが不可欠だ。財務内容を開示するのが怖いのなら、株はひとり占めしておくといい。無知で怒りっぽい社員株主をおおぜい作りだすまでもなく、そのうちいろいろな問題が起きてくるだろう。

恐れと欲深さのほかにも、持ち株制度への反対意見として以下の三つが挙げられる。社員に株を与えたものの後悔しているという経営者から、この三つの意見をよく聞く。そのことからだけでも、これらをとりあげる価値はある。

持ち株制度に反対する理由1　社員は株を理解できない。

これは、持ち株制度で苦い経験をしたことのある経営者から最も頻繁に聞かれる意見だ。この意見はある意味では正しい。社員は株を理解できない。経営についてなにも教えずに紙切れを手に握らせるだけでは、経営者のように考え行動させることはできないのだ。社員は株をほしがるかもしれないし、要求さえするかもしれない。一九八〇年代に流布した伝説のせいで、株と黄金とを混同している人はおおぜいいる。

しかし、自分たちの行動が株価にどう影響するかを社員自身にわからせなければ、株でやる気を起こさせることはできない。株で魔法のように金持ちになれないと、社員は怒り、無関心になるかもしれない。そして株を与えたほうは、それを悔やむ結果になる。経営者になることは大きな責任をともなう。自分が何者であるかを、社員にわからせなければならないのだ。

持ち株制度に反対する理由2　社員には自分で投資させればよい。

ほかの方法があるからという理由で、持ち株制度に反対する人もいる。従業員持ち株制度は基本的に投資の手段だ、と彼らは言う。だから経営者は従業員持ち株制度に注ぎこむ資金を社員に与え、自分で好きに投資させればいい。あるいはボーナスをふやせばいい。４０１ｋプランを設定すれば、預金を引き出すまで税金の支払いを延期できる。どうしても株がほしいのなら、ほかの会社、例えばウォルマートの株を買えばいい。投資を分散することもできる。ほかの有価証券に投資してもいい。株の代わりに社員に現金を支給すれば、自由に管理できるし安全だ。慎重な投資の鉄則に従わせたほうがいい。つまり、ひとつのことにすべてを賭けるなという鉄則だ。

なかなかおもしろい意見だが、大事な点を見逃している。結局のところ重要なのは、社員が自分の働いている会社の株に投資できるかどうかだ。家庭が単なる衣食住の場ではないのと同じように、従業員持ち株制度は単なる投資の手段ではない。ほかの会社に投資する場合は、大きい見返りを期待するだけだ。しかし自分の会社に投資する場合は、みずからが結果に関わりを持つことになる。仕事にたいする意識が変わる。みずから宝を探しに行くようになる。それに、社員が自社株で儲けるほどの金額を、経営者が払えるとは限らない。経営者はどう頑張っても、会社の利益から引き出した並みの給料しか払えない。しかし、株から得る利益は相乗効果によって、それよりかなり大きいものになるはずだ。会社の利益からそれだけの額を支払おうとすれば、たちまち破産してしまう。

持ち株制度に反対する理由3　会社を分裂させる。

最後は、株は党派を生むことになるという意見だ。株の公開を望む者もいれば、吸収合併を望む者もいて、そのどちらもが、現状維持を望む人たちと対立する。利益の衝突が生じる。そして、社員たちは自分の責任について混乱してしまう。管理職は優秀な経営者を育てず、経営者は優秀な管理職を育てない。少なくとも、反対意見によればそうだ。

たしかに、そこにはわずかな真実がある。ときとして株は人を天狗《てんぐ》にしてしまう。ある管理職など、株を大量に持っているせいで領主のように振るまい、社員を奴隷のように扱っていた。結局は度が過ぎて会社を辞めざるを得なくなった。しかしこの場合、問題は個人の人格にある。株はただの言い訳にすぎない。

実際、わたしは株がそれとは反対の効果を発揮するのを見てきた。社員は小さなことにとらわれず全体像を見るようになる。そのおかげで、どんな会社にも起こる衝突から怒りを取り除くことができる。株がなければ、ささいな意見の相違にとらわれてしまいがちだ。株があれば、こう言える。「おい、目を覚ましてバラの香をかいでみろ。そんな争いなどつまらないことだ。全体を見ろ。これを達成できないと何を失うかを考えろ」

株を分配する方法

株を分配することに決めたとしても方法はたくさんあり、そのどれにもきびしい規制がある。われわれは最初、ＳＲＣで働く人すべてに株を与えるつもりだった。しかし、それには株式公開の手続きを踏まなければならず、当時は資金が足りなかった。そのうえ対処できない難問もいくつかあった（例えばどこかの時点で、競争相手の会社に買収されてしまったらどうするか？）そのため、われわれは非公開のまま社員に株を分配する方法を模索した。そして結局、次の三つの方法にたどり着いた。

●ＥＳＯＰ

フルタイムの従業員としてＳＲＣに一年間勤めると、従業員持ち株制度（ＥＳＯＰ）に加入できる。ＥＳＯＰは単独ではＳＲＣの最大株主であり、一九九二年一月一日の時点で、三一パーセントの株を保有している（三パーセントから始まり、毎年ふえ続けている）。法律では投資期間として約七年が必要とされる。つまり、それだけの期間はＥＳＯＰに加入していないと、退職時に持ち株の株価を一〇〇パーセント受け取る権利が与えられない。

ESOPの役割は、会社によってかなり異なる。SRCでは、ESOPは基本的に財務上のリスクと報酬を従業員と共有する手段となっている。つまりESOPの持ち株の価値は、SRCに直接投資したのと同じように上がったり下がったりする。ESOPには議決権株はないものの、株主の法的権利はすべて守られている。これは重要なことだ。ESOPは五人の委員で運営され、そのうち三人はSRCの役員会で任命され、あとのふたりは、ひとりが時間給従業員から、ひとりが定額給従業員から選出される。

●特別売出株

ときに応じて、わが社では特殊な売出株を購入する機会をも社員に与えている。州によっては持ち株制度を奨励する手段として、そうした株の購入が許可される場合があるのだ。ミズーリ州法および連邦法では、従業員の全員(あるいはほぼ全員)がその州の住民ならば売出を届け出なくてもよい。したがって、株を公開しなくても従業員に直接、株を売ることができる。フルタイムで勤務し、その州に住んでいるか、または特別控除のある従業員ならば、誰でも株を購入できる。

わが社では一九八六年に売出を開始し、このときは一七万七〇〇〇株(五〇万ドル相当)を放出した。少しでも多くの社員が購入できるよう、売出は何回かに分けた。初回で社員はひとり当たり二〇〇株～四五〇株を購入できた。それでも完売しなかったので二回めを放出し、今度は九五五〇株まで購入できるようにした。三回めも用意していたが、それは必要なかった。初回と二回めで、株は完売した。時間給従業員も株を購入した。貯金をはたいて買った者もいた。彼らは自分自身に賭け、そして大勝利を収めた。その後の五年間で、株価は二一六パーセント上昇し、ひと株八ドル四五セントから一八ドル三〇セントになったのだ。

●社内売買

一九八三年の創業時には株主は一三人で、すべてSRCの管理職と職長だった。現在、株主は四五人（ESOPを含まず）で社内のあらゆる部署から集まっている。わが社は株を公開していないので、SRC株の直接の株主になれるのは従業員と幹部に限られているが、その範囲内でなら、一定額の社内売買を奨励している。それによって、新しい人が株を購入する機会ができ、古い株主は利益を得る機会ができ、そして社内全体に持ち株の意識を広めることもできる。

ただし、その売買が常軌を逸して会社に傷を負わせることのないよう、規制はしている。創業時の株主間での合意によって、株主が死亡したり退職した場合や、どんな状況であれ辞職した場合には会社が株を買い戻すことを定めたのだ。さらに財源が許せば二、三年ごとに開かれる売買窓口で、現株主が自分の株を売り戻す機会も与えている。また、きわめて大きな責任と危険を負う従業員にも、自社株購入権を発行する。既存の株主は、会社の承認なしに社内で非議決権株を売買することもできる。

結果的に、われわれは株を所有できる人間を制限している。そのようにするのは、全体を守るためだ。われわれは株を社外に出したくなかった。社外の投資家から、共有できない見方を持ちこまれ、意に反することをさせられるのを恐れたからだ。さらには、社内の従業員が株を購入する機会を守りたかったからでもある。

株を分配する一番の目的は、会社の収益と、経営者としての責任感を社内のすみずみまでできるだけ広く行き渡らせることにある。ほぼすべての問題の最終的な法的権限は、ＳＲＣの議決権株を所有する人たちの手中にある。それはわたしと、創業時からの管理職五人だ。あとふたり、議決権株を所有する管理職がいたが、ひとりは退職し、もうひとりは売買窓口開設時に売却している。どちらのケースも会社が株を買い上げて回収した。ただし議決権株を所有している人間がそれを行使したのは、これまでのところ役員を選出するときだけである。

経営者のなかには、持ち株制度によって経営を管理できなくなるのではないかと恐れる人もいるが、実際はそんなことはない。ただし持ち株制度を導入しても会社の経営方法が変わらない場合は、何かが間違っている。経営のあらゆる方面を理解している、教育された労働者がいるというのは大変な利益だ。決断に困ったとき、助けになってくれる人材がおおぜいいるのだから。

クリスマスのボーナスをなしにすると決めた年

それまでの学習にもとづいて実際の選択を迫られたときこそ、教育の成果が問われる。一九八九年一一月初めの出来事もそのひとつだった。われわれは、自分たちの株かクリスマスのボーナスか、という究極の選択を迫られていた。

すでに第一・四半期も第二・四半期もボーナスを支払っていなかったが、こういう状況はそれほど珍しくなかった。目標を高く設定していれば、それに達するのに六カ月以上かかることは少なくない。ただそのときは一〇月の終わりだったので、第三・四半期もボーナスを出せないのは明らかで、それは初めてのことだった。第三・四半期のボーナスはクリスマスの買い物に間に合うよう、いつもは一一月の終わりに支払われるのだが、その年はボーナスがないと知って社員はがっかりしていた。さらに悔しいことに、目標まで流動比率でわずか〇・〇一パーセント足りないだけだった。

職長が集まって、話したいことがあると言ってきた。現場に不満の声が出ているという。社員はこれまでとても熱心に働き、予定外で入ってきた仕事も精力的にこなしてきた。職長たちは部下を激励し、ボーナスのために頑張らせてきた。しかし、ボーナスは出ないことになった。いったいどうしたらいいのか？　年末まで、部下をどう励ませばいいのか？

彼らの話を聞き終わってから、わたしは言った。「気持ちはわかるし、わたしもきみたちと同じくらい意欲や情熱というものを大事に思っている。このまま頑張って、もしきみたちが望むならボーナスを出すことにしてもいい。第四・四半期に目標を達成できるチャンスは大いにあるのだから、ボーナスの支払いを二月から一一月に早めて、クリスマスに間に合うようボーナスを出そう。だが、この提案を受け入れる前に、きみたちも部下もよく考えてみてほしい。もしなんらかの理由で第四・四半期に目標を達成できなかったら、すでに支払ってしまった額が損失となる。その額はどこかから持ってこなければならない。実際、収益から持ってくることになる。そうなると、わが社の今年の株価は本来の額ほど上がらない。それに、税引後利益の一ドルは、株価にすれば一〇ドルの価値があることを忘れないように。このあとはきみたちの判断だ。今ボーナスを出すか、それともその分を稼ぐまで待つか。きみたち次第だ」

次の週は、会社じゅうで熱い議論が交わされた。製造部長は毎日、現場から自分のオフィスまで五分の距離を歩くのに半時間もかかった。社員たちが彼をつかまえて意見を聞いたり、数字の評価のしかたを尋ねたりするからだ。みな第四・四半期に目標に達する見込みを計算しようとしていた。

一週間後、わたしはふたたび職長たちと会い、どういう決断を下したかを尋ねた。職長たちは、意見調査を実施したそうだ。社員の約四〇パーセントはボーナスの支給を望んだ。彼らはおもに若い社員たちで、勤続年数が少ないため、株を多く取得することができない。あとの六〇パーセントは、ボーナス分を稼ぐまで待つほうがいいという意見だ。「で、きみたちの決断は？」わたしは尋ねた。彼らは、わたしに決断を下してほしいと言う。「それはできない。結果と折り合わなければならないのはきみたちなのだから」結論は、圧倒的多数でボーナスなしだった。

そして第四・四半期もまた、〇・〇一パーセントの不足でボーナスを逃した。わたしには、意欲を引き出すという課題が残った。ふたたび職長たちと会い、こう言った。「きみたちはよくやってくれた。四半期をまるまる四回ともボーナスなしでやってくれた事実を、わたしはしっかりと受け止める。われわれは来期もこのゲームを続けていくことにしよう」年をまたいでやっと目標を達成したのは、七年間で初めてのことだったが、この年はレベルが高かった。誰もが勝利を望んでいた。われわれは社員にその優秀さをみずから証明させる必要があった。そして一九九〇年の第一・四半期に、彼らは目標を達成した。

ボスが決断できないときは、部下たちに決めさせよ

こんなとき、わたしは多くの従業員から意見を求める。

どう決断するのが正しいか確信を持てないとき。
両方の事情がわかってしまうとき。
問題に心底うんざりしているとき。

決断をする際に唯一正しい方法は、大多数に決めさせることだ。わたしはすべてを知っているわけではない。問題にたいする答えが出せないときは、それを社員たちに託す。わたしよりも優秀なアイデアを出してくれる彼らの創造性に頼る。自分が行きすぎているかもしれないと感じるとき、問題がはっきり見えていないと感じるときはいつでも彼らに頼る。例えば社員食堂を新しくするかどうか、という問題が出てきたとする。会議でわたしがそのことを議題に出すと、こういう答えが返ってくる。「社員食堂の前にもっと必要なものがあります」彼らには、生産性を高めるための機械や工具が必要だったのだ。

しかし、わたしが社員を何よりも頼りにするのは、問題がとことん手に負えなくなったときであり、いくら考えてもどうすればよいかがわからないときだ。例えば、一九八六年一二月に直面した問題もそうだった。ゼネラル・モーターズが、エンジン五〇〇〇個の注文を突然キャンセルしてきたのだ。これは、わが社の翌年の売上見込みの四〇パーセントを占めていた。

数字からして、従業員一〇〇人を解雇しないと倒産する危険があった。しかし、そういう解雇のしかたは経営の大失敗を意味する。誰も悪いことはしていないのだ。こんな事態は予見すべくもなかったとはいえ、責任はわたしにあった。誰かを解雇するかどうか決めなければならない。少なくともしばらくは、みずからの身分だけは守られていることをわたしは知っていた。それがもっとやりきれなかった。オフィスに座って天井を見つめながら、家族の扶養を会社に頼っている従業員たちのことを考えた。職は保証する、と彼らに告げよう。会社を去るのは彼ら自身で決めるべきことであって、わたしが決めるべきではない。

何か打開策はないかと、管理職たちと数字を囲んで何週間かを過ごした。顧客や販売員に話してみたり、ゼネラル・モーターズに考え直してくれるよう頼んでみたりしたが、うまくいかなかった。そしてとうとう、社員の意思に委ねることにした。一九八七年三月中旬に、全社的な会議を何度か開いた。わたしはきびしい事実をありのままに報告した。解雇を行なわないとしたら、述べ時間数にしておよそ五万五〇〇〇時間分の新たな仕事を取ってこなければならない。もしその決断が間違っていたとわかったら、もうあとがない。一〇〇人の解雇ではすまず、二〇〇人を解雇することになる。外部資本の注入を余儀なくされ、会社の考えかたすべてに外部の影響を受けるだろう。経営のしかたも変える必要が出てくるかもしれない。

社員からの反応はさまざまだった。年配社員たちは、あえてそんな危険は冒したくないと言う。彼らは解雇対象の若いグループとは立場が違う。「自分か彼らかというなら、彼らに辞めてもらいたい」年配社員たちの言葉はもっともだった。解雇なしで乗りきろうとすると、三カ月間に一〇〇の生産ラインを立ち上げなければならない。製品をそんなに速く作れるわけがない。わたしも同意した。やはり無理だ。

そして、解雇の準備を始めた。しかしそのとき例の年配の、ひと筋縄ではいかない社員たちがふたたびわたしのところへやって来た。どうやらこの問題について自分たちで話し合い、新たな生産ラインを立ち上げるにはどうしたらいいかを考えていたようだ。「ずっと考えていたんですけど、乗りきれそうです。若い者を訓練する必要がありますが、なんとかなります。やれますよ」

彼らとしても従業員の解雇は避けたかったのだろうが、けっして感情でものを言っているわけではない。きちんと数字で考えたのだ。仕事の要素をわたしよりもくわしく分析し、その結果できると判断したのである。

これは、成り行きに任せればなんとかなるという例だ。もし、社内から別の意見が出ていれば、違う対応をしなければならなかったかもしれない。けれども、年配社員たちが「やりましょう」と言ってくれた。それこそ、わたしの求めていた言葉だった。そういう展開を期待していた。従業員同士の共感が感じられたら、それは大きな報酬だ。そういうすばらしい従業員とともに働いていることを自覚すれば、経営者はいっそう奮い立つ。

しかし実のところ、新しい生産ラインを立ち上げるのは大変なことだった。プレッシャーは克服できる、と社員には言ったものの、実際にどう克服するのかは誰にもわからなかった。あまりに苦しくて、七月には悲鳴をあげた。効率を上げることができない。手順を合理化することができない。生産ラインの立ち上げにあたって、きびしい問題がいくつもあった。まるで脳卒中からの回復過程のように、ひどくゆっくりで、ひどくつらかった。苦しかった。ほんとうに苦しかった。それも長期間の苦しみだ。それでもなんとか危機を脱し、解雇は避けられた。それどころか、その年は従業員を一〇〇人増員する結果になった。

ビジネスにおける民主主義とは何か

ＳＲＣの経営には多くの社員が参加しているが、これは政治的意味での民主主義とは異なる。政治的民主主義の場合、その権限は被統治者の同意によって成り立つ。会社の場合、その権限は市場の同意によって成り立つ。会社勤めをしている人にとっては縁起でもないことだが、万一、会社の経営が立ち行かなくなったら、どこかほかで働かなければならなくなる。そのような形で、市場はいかに経営上の決断を下すべきかを教えてくれる。その意見を認めるのは大事なことだ。

とはいえビジネスにおける民主主義には、人々が思っている以上の可能性がある。それを知らないと、ごまかされてしまう。つまり、株式上場企業の株を持っている人は、力があるのにそれを使っていない。なぜ使わないのか、わたしにはわからない。彼らの持っている力と、実際の行動とのあいだには著しいギャップがある。その力を行使する株主がほとんどいないのはなぜだろう？

わが社では重要な決定に際して、満場一致ではないにしろ、圧倒的多数の賛成を得なかったことは一度もない。決定を要するおもな事項は、すべて前もって伝えておく。社員は自分の考えを言うよう求められる。わが社は社員全員を株主にすべきか？　わが社はさらに拡大すべきか？　わが社は機能を分散すべきか？　機能分散について考え始めたとき、われわれはそのことを全員に話した。そのときに開いた会議の記録がある。まず初めに、わたしは職長のところへ行った。それからすべての現場に足を運び、従業員の希望を訊いた。その希望を経営陣のところへ持っていき、どうすれば希望に沿えるかを検討した。そして議論の結果、機能分散計画が生まれた。

ビジネスでは、経営方針を決めるのは会社の長たる人物であり、わたしは民主的な手順を踏む方法を選んだ。社員の貢献、投票、参加、意見表明を求める。その手順には大いに信頼を置いている。システムは簡単で、社員が理解しやすく実行しやすいものを作る。社員自身で決定できるゲーム計画を提供したいし、その決定がパズル全体にどうはめ込まれたかをわからせたい。そのためには、まず社員を教育することだ。教育しなければ、民主主義を持ちこむことはできない。ただ社員を操作するだけになってしまう。社員が経営者の言葉を理解できなければ、民主的な手順はあり得ない。教育すればするほど民主的な経営が可能となり、ますますいい効果を生むことになる。

ある時点で、会社の拡大が民主主義の障害になる。なぜなら、つねに新人を教育してほかの社員に追いつかせなければならないからだ。そうすると、ほかの社員のレベルが現状にとどまることになる。つまり、「新人が追いつくまで、しばらく待ってくれ」というわけだ。

この問題に関しては、わが社でも試行錯誤してきた。子会社を設立した理由のひとつでもある。経営規模が小さければ社員にメッセージを伝えやすいし、より早くより確実なコミュニケーションができる。規模の小さい会社を経営していれば、時間に余裕もある。しかし、規模の大きい会社を経営していると、あらゆる問題が何倍にも大きくなってしまう。

アメリカ独立戦争のとき、トーマス・ペインがみずからの政治パンフレットに『コモンセンス』というタイトルをつけたのは、民主主義を常識《コモンセンス》の問題と考えていたからだ。わたしもそう思う。わが社の経営方針は、ひたすら常識に従うこと。それが一番公平なやりかただ。世の中は不公平なことに満ちているのだから、せめてものごとが公平に行なわれる環境を作ってはどうだろう?

このシステムはうまくいく。だからこそ、わたしは使っているのだ。会社を成功させるのは、この方法しかないと思う。この方法がうまくいくのは、社員を巻きこみ、参加させ、学ばせ、成長させるからだ。社員を参加させなければ、民主主義は機能しない。アメリカの政治における民主主義でただひとつ問題なのは、われわれがじゅうぶんには参加していないことだ。ＳＲＣでは経営に関して真実を伝えることで、社員の参加を実現させている。彼らの知性に働きかけ、また、経営に貢献してくれれば見返りがあることを示す。そうしてこそ、株が重要な手段となり得るのだ。

11 最高レベルの考え方をする

会社を経営する人なら誰でも恐れること、少なくとも恐れるべきことを言おう。何年も前からわたしには気になっていたが、誰も注意を払わなかった。それが今浮上し、大きくなり、みなが気づいて怯えている。たちまちのうちに、みなが貧乏になるかもしれない。職を失うかもしれない。会社が倒産するかもしれない。家族が崩壊するかもしれない。人生が台無しになるかもしれない。

その元凶は医療費だ。

現在のビジネスにおいて、これは最もきびしい問題だ。わたしには答えを見つけられない。誰にも見つけられないだろう。何十年ものあいだ、われわれは医療費を経営問題としては考えてこなかった。その結果、医療費は年に二四〜四〇パーセントも上昇した。われわれは保険によって守られていると考えていた。医療費はすべて、保険契約者が保険料という形で支払っている事実を正面から見ようとしなかったのだ。もはや問題は手に負えなくなった。わたしは四年にわたって損益計算書上の医療費の欄に注意を向けてきた。そして、それを五六の項目に分けてみた。その数字や統計データを挙げることもできる。医療費に関することすべてに、わたしはこだわるようになった。末の娘が生まれるとき、わたしは分娩台のかたわらに立ち、医者が二ドル二二セントの手袋を使うのを見ていた。わが社の工場でなら、一九セントで買える。その手袋が投げ捨てられるのに目を奪われていたせいで、娘の誕生を忘れそうになったほどだ。

医療問題は、すべての経営者に降りかかってくる。その費用はとてつもないもので、誰かが本気で改善に取り組まなければならない。この問題を考えれば考えるほど、わたしはぐったりと疲れた。そして、すっかり見通しをなくしてしまった。そうしているうちに、この問題の将来の深刻さを思い知らされることが起きた。

ある女性従業員の息子が心臓発作を起こしたのである。救急車が到着したときには昏睡状態に陥っていた。それは、ほんとうに悲しい出来事だった。活発で元気な一七歳のその少年には、輝かしい未来があった。わたしは少年の母親を何年も前から知っていた。わが社の弁護士のもとで働いていたあとSRCへ来た。非常に優秀な人材だ。それでもなお、その悲報を聞いたとき、わたしが一番に考えたのは「会社は治療費にいくら払うことになるだろう?」ということだった。

長期にわたって医療費を払うことになるのではないかと思うと、恐ろしくてたまらなかった。もしかしたら、割増保険料が年に四〇万ドルもかかるかもしれず、その費用は収益から直接出ていく。ボーナス制度を中断せざるを得ないかもしれない。株価の面でみなが打撃を受けるかもしれない。何をすればいいのか、どう考えればいいのか、わからなかった。少年の容態を案じているだけでいいのか？　ほかの社員やその家族への影響を心配する必要があるのではないか？　彼のような病人があと二、三人出てきたらどうしたらいいのか？

そんな疑問に押しつぶされそうになった。何を祈ればいいのかわからなかった。実のところ、少年に生きてほしいのか死んでほしいのかもわからず、何よりもそんな自分が恐ろしかった。わたしはなんという人間になりつつあるのだろう？　会社を経営するのは、社員の生活を向上させるためだ、とつねづね自分に言い聞かせていたはずのわたしが、ひとりの人間の死を半ば願っているとは。もちろん少年には良くなってほしかったし、そう言うのは簡単だった。けれども、もしリハビリをすることになったら？　わが社でその費用をどう捻出するのか？　どのように対応してもみなが影響を受ける。みなが犠牲を払うことになる。みなが何かしらを我慢しなければならない。それは公平なことだろうか？　正直なところ、どうすべきかわたしにはわからなかった。

結局、わが社ではその難問に対処する必要がなくなった。よその会社が対処してくれたのだ。少年の父親が勤めている会社の保険で、医療費が支払われることになった。つまり、ほかの誰かが少年の入院費と、その後のリハビリ費を支払ったのだ。それでも、わたしはこの出来事にひどく動揺していたし、あやうく希望を失いそうになった。それまで医療危機に取り組む経営者と医療関係者との合同地方協会に参加していたが、まもなくそこを脱会した。その問題にこれ以上向き合っていることができなかったのだ。向き合っていると冷酷な人間になりそうだった。

しかし、残念ながら誰もがこの問題に向き合わなければならず、しかも問題はそれだけではない。われわれは、会社にも、そして言うまでもなく社会全体にも大きな影響を与える問題に囲まれている。それは、なにも漠然とした抽象的なことではない。単なる生活の質の問題でもない。こうした問題はわれわれが目にできるところ、感じられるところ、測れるところ、つまり損益計算書の数字の背後にあるものを探るなかで突きあたる問題だ。輸送費が上昇すると、幹線道路の荒廃という問題に突きあたる。製品の質が低下し、苦情が多くなると、社員教育の不足に突きあたる。法律遵守のための費用や、保険料や、損害賠償費が高くなると、環境軽視に突きあたる。税金が高くなると、貧困や犯罪に突きあたる。経営で利益をあげるのがむずかしい会社もふえ、貸し倒れ引当金が高くなると経営の失敗に突きあたる。

ここで問題になっているのは間接費だ。社会的間接費と呼んでもいいが、間接費であることに変わりはない。これは測定できるし数値化もできる。アメリカのあらゆる会社の損益計算書には必ず現われる。間接費を別項目に分けているにしても、その項目があることを知らないとしても、誰もがその間接費をすでに支払っている。負担すべき全間接費の一部だからだ。

それを避けようとしても、できることは何もない。健康保険は、経営者の誰もが直接影響を受ける項目だ。会社がそれを提供しているかぎり、どうにもならない。何をしてみても、その額は上昇し続ける。社員の生活習慣を変えさせれば、少しは痛手が減るかもしれない。煙草をやめ、体重を減らし、運動をするよう言いわたす。しかし、それもむずかしい。プライバシーの侵害になりかねない。いずれにせよ、それで病気を予防することなどできないだろう。あの少年の心臓発作も予防できなかったはずだ。経営者が支払う健康保険料を抑えることは不可能であるように思える。健康保険料はどんどん上がっていく。それは健康保険に入っていない人の分まで誰かが支払わなければならないからである。そして保険に入らない人はますますふえている。

たしかに、一時しのぎの代案はひとつある。健康保険をやめてもやっていけるのならば、いっさいやめてしまうのだ。ただしその代価は別の形、つまり生産性の低下や、従業員の離職や、優秀な人材へのアピール力低下という形で跳ね返ってくる。さらに、結局は健康保険を導入している会社から製品やサービスを購入するたびに、その分を支払わされることになる。

一時的に逃げることはできても、いつまでも隠れていることはできない。遅かれ早かれ、健康保険という怪物に捕まえられる。そして、捕まえられれば会社が潰れる可能性もじゅうぶんある。収益を食い尽くされてしだいに経営が成り立たなくなり、士気がくじかれて内部から会社が崩壊するかもしれない。わたしはこの問題がほんとうに嫌いだ。負担増を最小限に抑えたつもりだが、それでも答えは見つけられない。いっそのこと健康保険の代わりに社員ひとりにつき毎年四〇〇

○ドルを支給して、好きに使ってもらうのはどうかとも考える。それを健康維持のために投資してくれればよい。経営者の劣勢を跳ね返すにはそれしかない。さもなければ、年間収益率を二五パーセントに上げる方法を探したほうがいい。そうしないと、いつか自分自身が病気になったとき、治療に必要な額を用意できなくなる。しかし、年間収益率二五パーセントを保証できる会社がどこにあるだろう?

過去には、こういう問題に対処する方法がふたつあった。ひとつは、見て見ぬふりをすること。無視していればそのうちなんとかなるというものだ。これは、なんとかなる場合と、ならない場合があった。もうひとつは政府に対処させるというものだ。わが社には、もはやどちらも無理だ。ひとつめの方法を試みたことはあるが、うまくいかなかった。結果的には、かつてないほど悪い状態になった。政府に対処させるほうは、わが社の予算をよけい苦しくさせる。問題を解決する方法として官僚や規制や命令に頼ると、このうえなく高くつく。いったい誰が別の社会保障やメディケア・プログラムに喜んで金を払うだろう? 今あるものを負担するだけで四苦八苦しているときに、間接費がさらにふえるだけではないか。

どうすればいいのかわからない。この問題を解決できる人は誰もいない。われわれには、もはやお手軽な資金源などない。この問題を解決するために、金持ちに税金をかけるわけにはいかない。彼らはそれほどの金を持っていないからだ。会社に税金をかけると、われわれはまた新たな問題を背負いこみ、すでにある問題をさらに悪化させるだけだ。そして、借金することもできない。日本でもヨーロッパでも、掛売りをきびしく規制してきた。そのうえ政府でさえ、遅かれ早かれ負債を返さなければならない。そのためには現金が必要で、現金を手に入れる方法は三つしかない。

1　紙幣を乱発する。そして、インフレを招いて経済をさらに疲弊《ひへい》させる。
2　資産を売却する。そして、国家資源の所有権を外国人に譲渡する。
3　収益をあげて資産を作ることに国が力を注ぐようにさせる。

これはまさしくグレートゲーム・オブ・ビジネスと、わたしが1章で述べたふたつの原則に通じる。ふたつの原則は、会社経営のための賢明なアプローチの基本であるばかりではない。実際、社会全体に関わるような問題を解決するための、唯一の希望の光でもある。これ以外の方法では、解決は不可能である。経済の衰退を食い止め、生活の水準を上げ、子どもや孫やその先の世代にチャンスを与えるにはこの方法しかない。

求められるのは、新しい考え方と大規模な教育プログラムだ。その教育には、あらゆる企業体が一致団結して取り組む必要がある。現場でも、倉庫でも、店舗のカウンターのうしろでも、冷水器やコピー機のそばでも、デスクでも、会議室やカフェテリアのなかでも。われわれはこの国の精神構造、つまり従来の会社経営法で作り上げた精神構造そのものを変えなければならない。そして、言い訳をやめることだ。自分の問題をつねに誰かほかの人のせいにし、つねに誰かの援助をあてにする考えをいっさい捨て去る必要がある。みな、自分のことは自分で責任をとるべきだ。独立独歩でいなければならない。標準を守り、原価に目を向け、責任を負い、目標を達成し、ボーナス制度で報い、相乗効果を利用し、社員が経営者のように考え行動するよう教える。このすべてを成し遂げなければならない。なぜならわが国の経済と社会を立て直すには、これしか方法がないからだ。ただし実現させるには、経営陣がきちんと道を開く必要がある。

★一〇番めの高次の法則
変化はトップから始まる。

好むと好まざるとにかかわらず、未来に対する責任は経営者たちの肩に重くのしかかっている。今や真の変化をもたらし得る信頼性と影響力を持つのは、われわれ経営者だけだ。これはけっして歓迎すべきことではない。われわれの生活にはバランスが必要であり、この社会もまた、バランスが保たれることでよいものになる、願わくば、教会はもっと大きな影響力を持ってほしいし、政府はみずからの知恵と効率性を示してほしいし、学校は国民の誇りの源であってほしい。そして、リーダーシップは実業家こそが発揮すべきものだ。ものごとを変えてくれるという期待を誰が担うか知りたければ、鏡を見るといい。

実業家として、われわれは基本に戻る必要がある。本来の社会的使命である雇用の創出にふたたび力を注ぐべきだ。雇用を創出すれば、増大する社会的間接費をも含めた間接費を負担する手段ができる。雇用を少ししか創出できないと、健康保険もなく、貧困や犯罪に陥る失業者や生活保護受給者がふえる。その結果、各企業が内部で負担すべき間接費はますます高くなる。すべては企業に返ってくるからだ。どう転んでも、われわれは間接費を支払うことになる。

雇用はどこから生まれるか

数年前、わたしは健康のためにバス釣りを始めた。ＳＲＣを買い取った一九八三年の暮れに近いころ、わたしはプレッシャーに苦しみ始めていた。髪の毛が束になって抜け落ちた。食事もろくに喉を通らず、夜もなかなか眠れなかった。歩いているときに足を踏みまちがえたりもした。病院に行くと、ルーゲーリック病（筋萎縮性側索硬化症）か多発性硬化症だろうと言われた。もうひとりの医者は、もっと希望の持てる診断を下した。ストレスだというのだ。

釣りでもすればリラックスできるかもしれないと思った。そこで釣具をいくつか買い、ＳＲＣの友人に教えてもらって練習を始めた。うまくいかなかったので、指導書を読み、レッスンを受けた。しかし魚には無視された。プロの技を観察し、釣りの雑誌で勉強もした。技術を身につけようと何度も何度も練習した。しかし、どうしてもうまくいかなかった。魚を釣り上げて心を癒《いや》すことができない。ＳＲＣのバス釣りトーナメントでは最下位に終わった。

ある日、いつものようになんの成果もないまま桟橋に立っていたとき、近くにひとりの男がいるのに気づいた。見るからに、この湖の主《ぬし》だ。日に焼け、風雨にさらされた風貌で、手にも顔にも深い皺《しわ》が刻まれ、見るかぎりでは歯は一本もない。まるで『老人と海』の老人のようだ。わたしは男のほうに近づき、言葉をかけた。釣りかたを見て、悪いところを教えてくれるのではないかと思ったのだ。彼はわたしの釣具にちらりと目をやったが、何も言わない。わたしは何度か釣り糸を投げた。老人は見ているだけだった。

「ええと、何がいけないんでしょうね？」やっとのことで、そう訊いた。

「何も」

「何も？　じゃあ、なぜ釣れないんですか？」

「いいかね、お若いの。ここで釣りをする者には、誰にでも同じ回数だけ魚が食いついてるのさ。釣れる者と釣れない者との違いは、準備と集中力だけだ。釣り針が鋭いことと、糸に傷がないことを確認する。そして糸をじっと見つめる。そういうこまかいことに注意を払ってれば、食いついた魚はみんな釣れちまうさ」

チャンスに恵まれなくて、自分の人生を処しかねている人と出会うたびに、わたしはこの話を思い出す。労働力が必要でなくなったため、あるいは仕事がないため、あるいはビジネス・チャンスが枯渇してしまったために社員を解雇する会社のことを耳にするときにも、この話を思い出す。機会などどこにでもある。会社を拡大する機会、新たなビジネスを始める機会、雇用を創出して間接費を負担する機会。誰にでも同じ回数だけ魚が食いつく。きちんと準備をして状況に対応する用意をしておけば、魚は釣れる。

この二年間、ＳＲＣでは立ち上げが可能になるとすぐに新たな事業を始めてきた。それと同時に、既存の事業を分散させ、独立した会社として経営できる最小単位にまで分割した。こうした試みはすべて、ＳＲＣを多様な企業の集合体へ、そして発展途上事業の保育器へと変える計画の一環だ。新会社はたいがい、ＳＲＣで経営教育を受けてきた社員たちの手で運営されている。彼らはほとんどがたたき上げだ。時間給従業員から定額給従業員へ、そして管理職へと地位を上げながら、ジェットコースターのような一九八〇年代をわれわれとともに経験し、その過程でグレートゲーム・オブ・ビジネスのすべてを学んできた。そうして学んだことを今、自分自身の会社に応用しようとしている。将来その気になりさえすれば、会社を買い取る機会もあるだろう。その間にもＳＲＣは子会社を設立し続けていく。

実のところ、機会は手に余るほどある。振り返ればどこにでも、始めるべき事業が見つかる。故障したエンジン部品を再製品化する会社を始めると、年五〇万ドルのお荷物が、年収二五〇万ドルの会社に生まれ変わる。ナヴィスターとＪ・Ｉ・ケースという顧客二社の問題を解決するためにも、子会社をふたつ設立した。わが社の工場のひとつがある場所のすぐそばには、ターボチャージャーの会社を作った。さらには、ゲームのプレー方法を知りたいという会社の要望に応えて、セミナー事業まで始めた。

機会のためのダウンサイジング

これらの会社を設立するにあたっては、なんのからくりもない。ただし、ふたつの要素が必要だ。わたしはそのふたつを、間接費負担役とキャッシュフロー生産役と呼んでいる。間接費負担役は製品やサービスだ。これによって、従業員は時間を費やして製品を作ることができ、その製品を手に入れるために顧客は代価を支払い、結果として会社経営に必要な間接費を負担する。キャッシュフロー生産役は、ずばり顧客と市場であり、それらが保証されているに越したことはない。これによって、従業員はビジネスを軌道に乗せるためにどれだけの現金を生み出せばいいのかをほぼ確信できる。

間接費負担役（製品）とキャッシュフロー生産役（製品を購入してくれる顧客）のふたつをそろえることができれば、いつでもビジネスを始められる。あとは、こまかなことを実行に移すだけだ。納得できる取引をするためには、顧客と交渉しなければならないときもある。営業活動をしなければならないときもある。原価を抑えて品質を維持するため、製品をいじらなければならないときもある。しかし、そういうことはどんなビジネスでも必要だ。いったん糸口が見つかれば、雇用は継続的に創出できる。

ある意味では、われわれはダウンサイジングをしているのだが、ほかの会社のやりかたとは違う。わが社では社員の解雇はせず、優秀な人材を雇って機会を創出する。われわれが彼らの出世を望んでいることを示し、わが社に行き詰まりはないことを示し、好きなだけ力を発揮してよいことを示し、彼らの夢を実現するために本気で手助けしたいと考えていることを示す。それと同時に、われわれはみな、教育過程の次の段階へと進行していく。

わが社ではつねに、株式という方法を重用してきた。現在は相乗効果について学んでいる。わが社の社員が新たなビジネスを始めると、彼らは親会社のために付加利益をも創出してくれるので、わが社の株価がさらに上がる。ゆくゆくは、彼らの会社は収益の二〇倍、三〇倍、四〇倍で売れるかもしれない。その利益を手にするのは誰か？　ＳＲＣの株主だ。

この方法はあまりにうまみがあるので、ほんとうに合法的なのだろうかと考えることさえある。簡単で、しかも楽しい。多少の冒険はともなうが危険はさほどない。そして大金を生み出すことができる。みなが利益を得る。そればかりか、われわれは人をどんどん雇って働かせている。各自が独立独歩で進んでいけるよう手を貸す。新人に教育を施し、収益をあげて資産を作る方法を教える。そして、経営者にとって大変な重荷となりつつある社会的間接費を含む間接費をますます多く負担できるようになる。

それほどうまみがあるのなら、なぜもっと多くの会社が実行しないのか？なぜ、独立した子会社を社員に経営させないのか？　おそらく株の分配や財務内容の開示をしないのと同じ理由だろう。つまり、恐れと欲深さと妄想癖と無知だ。社員を信頼しない経営者は、新たなビジネスを始める手助けなどしないだろう。もしかしたら、その会社が親会社との関係を断って大成功を収めるかもしれないし、親会社の競争相手になるかもしれないからだ。もちろん、そういう考えは往々にして投げた本人に戻ってくる。社員は強い怒りと不満を感じて会社を出ていき、全力で競争を挑んでくる。競争を挑まれた経営者には災難かもしれないが、それ以外の人間にとっては喜ばしいことだ。結局のところ、新しく生まれた会社は自分たちの力で雇用を創出し、間接費を負担してくれるので、その分ほかの人々の負担が軽くなるからだ。

わたしにとってさらに不可解なのは、大企業がダウンサイジングに取り組むそのやりかただ。経費を節減して「細身で貪欲」になろうとする努力には、あまり感心しない。彼らがほんとうに基本に返ろうとしているのなら、新しい経営スタイルを紹介してもいいと考えている。しかし、その徴候はほとんど見られない。従業員の関与、参加型経営、自己決定のワークチーム、権限付与などという話がいくら出ていたとしても、十中八、九それはでたらめだ。管理職を削減する方便にすぎない。

実際のところ、この世界はますます競争がきびしくなっているのに、こうした会社はなんの手も打ってこなかった。それで、今になって経費の削減を迫られている。経費には基本的に三種類ある。人件費と原料費と間接費だ。人件費と原料費に関しては削減の余地があまりないため、職長や管理職を解雇することで間接費を削減する。そうすれば当然単価は下がるが、生産性の低さは変わっていないため、競争力は向上しない。

典型的なケースが、スプリングフィールドのゼニスエレクトロニクス社だ。この会社の工場はアメリカで最後までテレビを製造していた。ゼニスは第三世界の競争相手に打ち負かされそうになっていた。韓国の会社が、ゼニスの原料費よりも安い価格でアメリカでテレビを売り出したのだ。どう考えても、ダンピングとしか思えない。たしかにフェアではないが、人生とはそういうものだ。なんとかしてゼニスは単価を下げ、競争力のある価格を実現する必要があった。そのための方法はふたつしかない。生産性を上げるか、標準原価を下げるかだ。ほとんどの大企業と同じように、ゼニスも規模を縮小し、知性を削ぎ落とし、逸材を組織から追い出すことによって原価を下げるほうを選んだ。その態度は、「われわれには金が必要であり、人を通して金を生み出すことはできない」というものだった。結局、ゼニスは金を生み出すことがまったくできなくなった。工場はほとんど閉鎖され、一五〇〇人分の職はメキシコへ移された。

これは典型的なケースだ。経営を続けていくための基本命題は、最小原価で製造するか、あるいはほかの誰にもない特徴を持つかだ。ゼニスのような会社には、もはや独自なものが何もないため最小原価をめざそうとする。そして、権限付与こそそのための手段だと考えている。彼らのいう権限付与とは、社員が自分たちを監督することであり、現場に管理職を置かないことだ。しかし、それは幻想だ。管理職は能力がないから解雇されているわけではない。多くの場合、管理職たちは一五年、二〇年、二五年と熱心に働いてきた。彼らは監督であり指導者でもある。そういう人材こそ、生産性を向上させ、あるいは少なくとも維持させるために必要なのだ。彼らを解雇すれば、間接費を削減できることは間違いない。しかし、権限付与によって生産性が向上しないとしたら、その方法は失敗だ。そういう経営者は、会社の囲いの外側にいる人たちの生活水準も下げている。事実上、会社の間接費を取り出して、外に放り出しているからだ。それは社会的間接費、例えば健康保険料の値上げという形で返ってくる。

とはいえ、ダウンサイジングそのものが悪いと言っているのではない。会社を新設するとき、われわれは規模を縮小する。現場の間接費を削減する。単価を下げる。しかし、何年ものあいだよい仕事をしてくれた忠実な従業員を放り出すのではなく、彼らに融資をして、会社を所有し経営するチャンスを与える。雇用を削減するのではなく創出するのだ。

みずからの存在目的が雇用創出にあることを忘れている企業があまりにも多すぎる。企業は雇用創出によって、経済や社会や国家の価値を高めている。従業員の解雇を余儀なくされたとしたら、それは経営者が基本的役割のひとつを果たし損ねたということなのだ。これは、それだけで経営者の交替を考える理由になり得るが、それにしても、なぜ誰もが「細身で貪欲」であることをほめ称えるのか、わたしには理解できない。

会社経営への憧れ

社員に会社を持たせる計画を最初に思いついたとき、わたしはとてもわくわくした。早く提案したくてうずうずしたほどだ。四、五カ月議論をして計画を練り、その間、長期的に何を望むのか、どこを目指すのかについて社員と話し合った。分散戦略は、そうした目的に到達するためのパスポートに見えたし、それればかりか、われわれが直面している難問にもうまく対応できそうだった。つまり企業拡大の重圧にどう対処するか、取引の機会を逃すことなく社員を適度に休ませるにはどうするか、アイデアを次々ともたらしてくれる顧客のニーズに追いつくにはどうしたらいいか、規模を拡大せず官僚的にならずに成長するにはどうしたらいいか、といった難問だ。

何度も会議を開き、その席でわたしは戦略をみなに説明した。オーナーシップ（会社所有）について話し、会社を持つことに興味のある人なら誰にでも機会を与えたいと伝えた。われわれは財政面でも経営計画の面でも手を貸し、継続的な助言と支援を行なう。ゆくゆくは、社員がその会社を買い取ることもできる。その判断は本人次第だ。誰にでも成功のチャンスがある。挑戦したいという人がいたら申し出てほしい。まずはSRCでもっと経験と訓練を積みたいという人にたいしては、その配慮もする。もちろん、この提案に飛びつかず静観していてもかまわない。ただ、われわれが本気であることは知っておいてほしい。われわれは新たなビジネスを積極的に探している。何かいいアイデアがあったらぜひ教えてほしい。わたしはそう話した。

最初にやってきた社員は、酒屋を買収したいと言った。次の社員は、バーを始める計画を携えてきた。それからコインランドリー、美容院、数台の車に同時に給油できるガソリンスタンド、と続いた。ある社員などは、メキシコにアムウェイの販売代理店を開くことを提案してきた。何十件ものアイデアが寄せられた。そのほとんどは実現の可能性がないものだった。とはいえ、それを軽くあしらったわけではない。できるかぎり数字を挙げて、問題点に自ら気づかせるようにした。ついに、わたしはこう言った。「いいかい、われわれはたしかにビジネスを始めたいと考えているが、それは現在の商売に関係することでないとだめだ」それにしても、これだけの反応を受けて、わたしは社員がいかに自分でビジネスを始めたがっているかよくわかった。

こういう願望は、現代ではかなり普遍的なものだ。世界じゅうで会社経営への憧れが高まっており、その傾向はあらゆる国で見られる。アルゼンチンでもシンガポールでも、チェコでもスロバキアでもモザンビークでも、モロッコでも台湾でもバルト諸国でも。この願望は、東欧を改革へ至らしめた要因のひとつでもあった。今日、東欧諸国の新聞紙上には、トラクターや鋤や土地や屋台やアパートを所有したがる人々の広告があふれている。明日には、会社を所有したがる人々の広告が載るかもしれない。

この傾向は、アメリカ人にとって誇りであり、また懸念でもあるべきだ。誇りというのは、アメリカ人がその先駆けとして、現在も世界じゅうの人々を刺激し続けているからだ。懸念というのは、そうした人々のひとりひとりが潜在的な競争相手であり、しかも彼らは圧倒的に有利だからだ。なぜなら資本主義を実践する他国民たち、つまりアメリカやドイツや日本やイギリスやスウェーデンのやりかたを研究し、最善の方法を選びさえすればいいからだ。能力の有無にかかわらず、幹部に途方もなく高額な給料や特典を与える報奨制度に縛られることもない。社員同士を争わせ、社内に対立する党派を生みだすような管理方法にも、変化を阻む官僚主義にも縛られない。無知を助長する秘密主義の伝統にも、前世紀の遺物のような古臭くばかげた現場の規則にも……。

その事実だけでも、彼らはわれわれより優位だ。われわれより手際よいゲーム、すばやいゲームができる。われわれがじっと座って何をすべきか考えているうちに、彼らはオーナーシップへの憧れを現実に移そうとしている。憧れを意識しているし、それを感じ味わうこともできる。憧れが意欲をかきたてる強い力になり得ることも知っている。われわれがその憧れを無視しているあいだも、彼らはそれを追い求め続けてきた。憧れを現実の推進力に変える方法が見つかり次第、それを荷台に結びつけて、われわれのすぐ横を駆け抜けていくだろう。それがほんとうの意味でのグローバルな競争への挑戦だ。

その挑戦をわれわれは受けて立つことになるし、受けて立たざるを得ない。選択肢は限られている。ここで言っているのは、新しい技術や巧みな戦略のことではない。これは時代の要請なのだ。オーナーシップへの願望が、世界を次の世紀へと導いていく。そこに加わってもいいし、やり過ごしてもいいが、結果を見誤ってはいけない。もし挑戦を受けて立たなければ、もしオーナーシップという社員の願望に応え、その願望を利用して社員を教育し、やる気にさせ、責任を持たせなければ、もしわれわれみなが自立し責任を果たさなければ、もし平等や正義という公正さの基準を受け入れなければ、もし納得のいく規則でゲームを始めなければ、ますます膨張し、会社を圧迫する社会的間接費に押しつぶされてしまうだろう。

あえてそんな事態を招くことはない。直面する問題を解決し、子どもたちと自分自身にすばらしい未来を用意するためには、なすべきことはひとつしかない。今すぐゲームを始めることだ。必要な人数がそろえば、みなが勝利者になれるのだから。

12 究極の法則——管理職へのメッセージ

最後に付け加えるべき究極の法則はこれだ。

最高レベルの考え方をすれば、最高レベルの成果を上げることができる。

要するにこれこそがポイントなのだ。これまで述べてきた高次の法則はすべてここに行き着く。グレートゲーム・オブ・ビジネスを行なう最大の理由もそこにある。ゲームを行なえば、つねに最高の能力を社員に発揮させ、日々の不満を昇華して最高レベルの考え方をさせる環境を生みだすことができる。つまりは、彼らの知性と創意と機知で、互いに助け合い、共通の目標に到達できるということだ。

けれども、もし自分の働いている会社がゲームに関心を示さなかったらどうすればいいだろう？　最高レベルの考え方をさせることに、上司が興味を持たなかったらどうすればいいだろう？　ここに述べた内容すべてを熱心に信じた管理職が、ビジネスにおける高次の法則をぜひ実践したいと思っても、障害を取り除いたり、無知を追い払ったり、社員に全体像を見せたりするのに必要な道具が何もなかったらどうすればいいだろう？　自分たちの成果を測る数字を知ることさえできなかったら、どうすればいいだろう？

そんなときは、そういうものなしで進めることだ。実のところ単独の部門や営業所でなら、そんなものはなくてもゲームはできる。ただし、全社をあげてゲームに取り組む場合は別だ。その場合、まったく異なる機能を持つ部門すべてが共通の目標に焦点を合わせるためには、どうしても道具が必要になる。しかし、もし管理職が社内の独立した部門でゲームを始めたいと思えば、ボーナス制度や、従業員持ち株制度や、綿密なコミュニケーション・システムや、財務内容の公開がなくても、なんとか始めることはできる。上司の許可など必要ない。何よりも必要なのは個人的な関わりだ。管理職がなすべきゲームの第一段階は、部下にたいするみずからの管理方法を客観的な目で見直し、上司を口実にすることなく次のようなきびしい質問を自分自身に投げかけてみることだ。

●部下にたいし、ひとりの人間として何を与えているか？

●顧客やほかの部門や、組織内の上役について考えるのと同じくらいの時間を費やして、部下のことを考えているか？

●自分の問題を部下と共有しているか、それとも自分だけで抱えているか？　問題解決に力を貸してほしいと部下に頼んだことはあるか？　そもそもその問題が何か部下は知っているか？　自分自身の命運を左右する数字を部下に教えているか？

●自分自身、情報を公開しているか？　知り得たことをすべて部下に伝えているか？

●部下の能力を活用しているか、それとも独力で答えを見つけだす責任があるといまだに考えているか？

●指示されなくても何をすべきか、部下はわかっているか、それとも指示を待っているか？　みなが同じ目標に向かって働いているか？　その目標が何かをみなが知っているか？　目標に到達する最善の方法を見つけだせるよう導いているか？

●部下たちが何に最も怒りを感じるか知っているか？　彼らの失望感や恐怖感について尋ねてみたことはあるか？　彼らが夜眠れないのはなぜか？　彼らは自分自身の命運を左右する数字を教えてくれるか？

●自分の失望感や恐怖感を部下に伝えたことがあるか？　それを伝えられるくらい心を開いているか？　部下からの攻撃を喜んで受けているか？　攻撃を受ける機会を作れるほど、自分に自信があるか？
●何より大事なのは、「このような質問にたいする答えがノーだとしたら、ほんとうに何かを変えたいと思っているのか」ということだ。

この章で語るメッセージは、けっして管理職だけにあてたものではない。当然のことながら、経営者の責任は最も重い。アメリカのビジネス界に革命を起こさなければ、国民の生活に長期にわたる深刻な影響が出るとわたしは確信している。ただし、この革命は一度にひとりずつ実行していくしかない。このことは五番めの高次の法則につながる。つまり、やりたいと思わなくてはならない。意欲は内側から湧き上がるべきものだ。これは、従業員だけでなく管理職にもあてはまる。ゼネラル・モーターズの社長であろうと、ファーストフードのフランチャイズ店の経営者であろうと、昔ながらの経営方針を掲げる多国籍企業の管理職であろうと、自分が変わろうとしなければ変わらない。最大の障害は重役会議室や役員室にあるのではなく、われわれ自身の内側にある。

同様に、たとえ組織の上層部からいっさい支援がなくても、自分なりのゲームを始めることはできる。部下たちを集め、座らせて話をし、彼らの抱える問題や不安の核心を見つけだす。その際、自分自身の防御網は取りはずすよう努力する。そして、途中で口をはさむことなく、部下のひとりひとりに自由に率直に話をさせる。ひととおり済んだら、共通点や合意点を見つける。部下は社内での自分たちの立場をどう見ているか？　自分たちをとりまく環境をどう見ているか？　会社のどこが好きか？　どこが嫌いか？　最大の問題はなんだと考えているか？　一番恐れているものは何か？　一番腹が立つのは何か？　その答えから彼らの命運を左右する数字を見つけだせるし、それを追求するためのゲームを設定できる。

しかし、そこで終わりではない。自分自身の命運を左右する数字も伝えなければいけない。それはとても重要なことだ。上司のほんとうの目標を部下に知らせずして、最高レベルの考え方をさせることはできない。自分が一番恐れているのは何か、一番腹が立つのは何か、夜眠れない理由は何かを話すことだ。自分の立場からは、ものごとがどう見えているかを説明する。

わたしはこれまでいろいろな職を経験してきたが、どの職場でも、わたし自身が出世の階段をのぼりながら発見したことを話すと喜ばれた。部下たちはさまざまな意見を持ち、あれこれ推測しながら現実を知りたがっている。彼らに現実を見せることだ。そして秘密のカギをはずす。自分は部下たちのための開拓者なのだと考えるといい。幸せな管理職でいるには、学んできたことを部下と共有するのを楽しまなければならない。ひとり占めしていては楽しむことはできない。たとえそれでうまくいったとしても、その勝利は気持ちのいいものにはならないはずだ。知識を共有すれば、勝利を手にするたびに部下と祝うことができる。管理職として楽しくいられる。

自分にとっても部下にとっても、楽しいというのは大事なことだ。ゲームを行なう際の大きな報酬のひとつでもある。チームで力を合わせて働き、全員が同じ数字、同じ目標を目指してさえいれば楽しくなれる。みなの数字や目標がばらばらなチームは、背骨がゆがんでいる人間のようなものだ。そういう組織にはつねに痛みがある。グレートゲーム・オブ・ビジネスの背後にある基本的な目的は、組織内のさまざまな部門をしっかり連結させて、その痛みを取り除くことだ。全社的にそれを実行するには、われわれがＳＲＣで開発したような道具が必要になる。ひとつの部門や営業所だけで行なうのなら、まずは進んで情報を公開し、部下と共有しなければならない。

当然ながら、自分が所属する部門だけでゲームを行なっても、会社全体の連結力不足から生じる痛みを軽減することはできない。統一のとれていないメッセージや、部門間の敵対心や、会社の政策や、ばかげた決定や、公開されないテーマなどと闘うはめになる。このような不備のある会社にはたいてい、社員全員を同じ方向にひっぱっていくという責任を果たそうとしない経営者がいる。

結局のところ、ひとりで会社を救うことはできないかもしれない。それでも、自分自身と部下を救うことはできる。混乱の海のなかに健全なる島を作るのだ。究極の法則のおかげで、自分の運命をコントロールする手段も手に入る。部下たちに最高レベルの考え方をさせることで、最高の能力を発揮させることができる。

仕事の達成度というのは、唯一誰もがコントロールできるものだ。われわれが仕事を成し遂げているかぎり、製品を生み出しているかぎり、約束を果たしているかぎり、そして人々に貢献し、価値を付与しているかぎり、われわれのサービスには需要があるということだ。グレートゲーム・オブ・ビジネスの導入は、それらの実現を必ずや助けてくれるはずだし、しかもその過程を多少なりとも楽しむことさえ可能にしてくれる。それゆえにこそ、たとえひとりであろうともゲームを行なう価値はじゅうぶんにあるのだ。

著者あとがき

『グレートゲーム・オブ・ビジネス』の内容の一部は、一九九二年五月に出版された時点ですでに古くなっていた。それは何よりオープンブック・マネジメントのもたらした結果だ。本書の方法を実践して一〇年、わたしたちの会社はもはやあがき苦しむ一工場ではなくて、多角経営をするちょっとした複合企業に成長しており、企業支援の事業も通年で手がけていた。そのため、ゲームの取り組みかたにいくらか変更せざるを得ない点が出てきた。

例えば9章で述べた円陣会議《グレートハドル》は、現在、必ずしも毎週水曜日の午前九時には開かれていない。毎週の開催さえやめて、隔週に変わった。開催しない週にはさまざまな作業ユニットごとの幹部会議を試みて、これが大きな成果をあげている。また、わたしが繰り返し大事だと言っていた円陣会議での数字の書き取りについては、白紙の損益計算書にめいめいが数字を書きこむというやりかたではなくなった。現在は、コンピュータの表計算ソフトを使って、会議室のスクリーンに表を映しだしている。発表者が数字を読み上げるのに合わせて、スクリーンの数値が更新される。聞き手は座ったままそれを目で追うだけだ。そして、プリントアウトされた最新の損益計算書を各自が持ち帰って、部署ごとの講習に役立てる。

7章で紹介したストップ-グーターというボーナス制度についても、再考が必要だった。会社全体にたいして年にふたつか三つの目標では、もはや間に合わなくなったからだ。一九九二年初頭には、11章で触れた多角化計画もだいぶ成し遂げられていた。立ち上げた事業は八つあって、それぞれ発展段階も違えば、優先順位や必要な物も異なった。そこでわれわれが踏みだした次の当然の一歩が、各子会社にそれぞれの事業に応じたストップ-グーターの目標をひと組ずつ設けてもらうということだった。

まだこれらのほかにも一〇項目以上、当社のグレートゲーム・オブ・ビジネスの取り組みかたは変化した。基本的にはいずれも、新たな法則に基づいて生まれたものだ。すなわち、

成功すればするほど、乗り越えねばならない壁は高くなる

ここ三年間のスプリングフィールド・リマニュファクチャリング社（以下ＳＲＣ）の業績は、かつてないほどすばらしい。先だっての不況でも成長をほとんど妨げられなかった。一九九一年にやや売上が落ち込んだものの、実のところ税引後利益は増加を見せている。その後、売上が勢

いを取り戻して、過去最大の利益が生まれた。一九九四年度の決算は、八三〇〇万ドルの収益と一八〇万ドルの税引後利益を計上した。これは、収益一六〇〇万ドルだった一九八四年度や、収益六六〇〇万ドル、税引後利益一三〇万ドルだった一九九一年度からすると、大きな上昇だ。われわれが一九八三年一月三一日に一〇万ドル足らずで買い取った当社の企業価値は、現在、当業界の相場に照らせば二五〇〇万ドルにのぼる。

だが、ほかにもいくつか、これと同じくらい誇りに感じている近年の業績がある。ひとつは多角化に関するものだ。一九九一年以来、わが社はリスクを分散する目的で、おびただしい時間と労力と資金とを事業の拡大に注ぎ込んできた。大型ディーゼルエンジンの再生産（大型エンジン部門）や自動車用エンジン（シーケル社）事業に加えて、現在、油冷却器（エンジンプラス社）、始動器及び発電器（メガヴォルト社）、トルク増幅器（アヴァター社）、天然ガスのエネルギー変換装置（ロードマスター社）といった事業を手がけている。子会社のひとつ、ニューストリームでは、エンジン整備を自分で行ないたいという一般の人向けに、工具セットを作っている。

そしてグレートゲーム・オブ・ビジネス社も設立した。同社はSRCで月例のセミナーを開催したり、他社の企業研修を手がけたり、講演会を主催したりしている。ビズリット社も、忘れてはならない。本書初版の序文を書いたデニース・ブレッドフェルトがその運営に当たっている。一九九三年に彼女が著した『ヨーヨー・カンパニー』は、会社の成長を財務諸表の変化の中に読みとる方法を説いた小冊子だ。新部門の初仕事となるこの冊子には、財務知識の基礎を教えるのに必要な道具がひとそろい紹介されている。

このように、ひとつの顧客層ないしひとつの業種に対する依存度を減らすことで、われわれは絶えずリスクの分散を心がけてきた。さらに、社員にＳＲＣの提携会社をおこす機会を与えるという形でも、リスクの分散を図っている。その結果、当社の全部署で雇用の安定性が三年前よりも高まった――雇用の安定は、当社の掲げる大きな目標のひとつだ。無敵の強さを獲得したわけではないが、市場がもたらすたいていの不測の事態に対応できるぐらいには体力もつき、多角化もじゅうぶんに達成した。

一方、子会社のゲームのレベルも飛躍的に向上した。『ヨーヨー・カンパニー』などの利用によって、新入社員の学習過程が短縮されたため、新人でも早い段階で収益をあげて資産を作り出している。と同時にベテラン社員たちは、ゲームをまったく違う次元に引き上げた。最もゲーム歴の長い大型エンジン部門の社員などは、会議で数字を仕入れてきては、年次ゲーム計画で最高値をあげるのに必要なその週の生産量を厳密に算出している。昨年には、同部門の社員が四半期ごとに支払われるボーナス制度の獲得賞金額で、四期連続トップに立った。これはゲーム始まって以来の快挙だ。同年の当社の業績があらゆる指標――資本収益率でも、税引前利益でも、流動比率、在庫回転率、負債資本比率でも、とにかくすべて――において、過去最高を記録したのは偶然ではない。

このように、グレートゲーム・オブ・ビジネスは今のＳＲＣでも役に立っている。もちろん、これは意外な結果でもなんでもない。喜びこそ感じるが、けっして意外だとは思わない。オープンブック・マネジメントとは要するに、従業員が継続的に学び、成長できる環境を作るということだ。粘り強く従業員を教育して、挑戦させ続ければ、そしてゲームを妨げる要素を排除していけば、どうしたって時が経つにつれて社員はゲームに習熟する。実際、当社には一〇年のあいだ毎週毎週、損益計算書と付き合っている社員が何十人もいる。毎週のキャッシュフロー報告は五年以上になる。彼らはもはやゲームの達人だ。ゲーム学の博士だ。そのへんのMBA（経営学修士）よりよっぽどビジネスをよく知っている。こういった社員が、ゲームをどんどんよりよいものに変えていったとしても不思議ではない。

わたしが驚いたのは世間による反応のほうだ。正直、音をあげたくなるほどだった。記事取材やテレビ取材を受けたり、講演や講習、勉強会の運営を頼まれたり、他社からその会社に合わせたゲーム導入の手助けを求められたりした。過去三年間にSRCを訪れた人の数は、ざっと一六〇〇名にのぼる。その大半は、ゲームが本当にそれほどのものかどうか確かめようという人々だった。SRCで年に一〇回開催している二日がかりのグレートゲーム・オブ・ビジネスのセミナーには、四三九社の代表が参加した。加えて二三〇回ほど、こちらからわたしや同僚が出向いていって、ゲームの紹介やら説明やらを行なった。そのうちの二五回は他社の社内研修だった。

そして、それらの組織の多くが実際に独自のゲームを試み始めている。なかには、そのままグレートゲーム・オブ・ビジネスという名称を使っている組織もある。オールステート社の保険部門がそのひとつ。ほかに、ワシントン州ヤキマの看板制作会社ドゥウィネルズ・ヴィジュアル・システムズ、デンバーの家具販売業者ケーシー・ファイン・ファニチャー、カリフォルニア州フリーモントのオフィス備品制作会社コマーシャル・ケースワーク、テキサス州ヒューストンを拠点に翌日配達サービスを展開するナイトライダー、アイオワ州ダベンポートの契約仲介業者ミッドステーツ・テクニカル・スタッフィング・サービシズ、そして、電話による資金調達を請け負うマサチューセッツ州サマービルのシェアなども、グレートゲーム・オブ・ビジネスの名を使っている。

バーモント州バーリントンの製菓業者ライノウ・フーズは、ゲーム・オブ・ビジネスという名で、毎月報奨金を支給する制度を設けている。社会意識の高さで知られるザ・ボディショップは、独自のグレートゲーム・オブ・ビジネスとして、休暇シーズンの特別ボーナス制度を一九九三年の暮れから導入した。イリノイ州エバンストンにある教育関連の出版社マクドゥーガル・リテルは、一九九四年三月一日付けでホートン・ミフリンに買収されるまで、グレートゲーム・オブ・パブリッシングなるものを実践していた。他方、国立起業家育成財団など非営利組織のあいだにもゲームが広まりつつある。政府機関にさえ、ゲームを導入した組織がある。ここスプリングフィールドでは、なんと警察や消防署が財務情報を署員に公開し始めた。

明らかに何か大きな変化が起こっている。この三年間でオープンブック・マネジメントは、新奇な興味の対象からビジネスの一大潮流に発展した。われわれもそういった流れを後押しするために、オープンブック・マネジメントを実践する会社の会合を、一九九三年の九月に主催している。「ゲーム集会」と名づけたその会合には、一五六社から約二五〇人が出席した。それ以上の参加希望者は、会場の関係で断らなくてはならなかった。一九九四年九月にはもっと広い会場で、第二回の「集会」を開く予定だ。

もちろんSRCとはまったく別に、独自のオープンブック・マネジメントを行なっている会社も多い。そのなかには今日のビジネス界に名を轟《とどろ》かせる会社も含まれる。ウォルマートがそのひとつ。ほかには、トラックやトレーラー製造の世界最大手ウォバッシュ・ナショナル、ウィスコンシン州ベロイトに拠点を置く、米国最大の建築資材卸売業者ABCサプライ、コネティカット州ニューブリテンの反射材製造業者で、インク誌の起業家賞を受賞したリフレクサイト、それから、バージニア州リッチモンドに工場を構える、チェサピーク傘下の段ボール包装業者で、フォーチュン五〇〇社に選ばれたチェサピーク・パッケージングなどだ。

いずれにせよ、講演先でいちばん頻繁に尋ねられる質問には、こうしたオープンブック・マネジメントの広がりが明快な答えを与えてくれる。つまり、「グレートゲーム・オブ・ビジネスはすぐれた手法のようですが、しかし、わが社でもうまくいくでしょうか？」という質問に。小売業でうまくいくでしょうか？　フォーチュン五〇〇の会社でうまくいくでしょうか？　複数の拠点を持つ会社でうまくいくでしょうか？　非営利団体では？　営業部門では？　情報産業では？　専門サービス業では？

業績を数字で表わせるかぎり、いかなる組織でもゲームを取り入れられる、とわたしは繰り返し答えてきた。結局のところ数字とは、単に従業員の実態を表わすもの、成績をつける手段にすぎない。なんらかの形で成績をつけていれば必ずゲームは行なわれている。問題は、プレーヤーがそのゲームの存在に気づいているかどうかだけだ（数字を明かさない古い経営手法が馬鹿げているのはこの点にある。従業員に好プレーを期待しておきながら、プレーするゲームについてはその存在さえ教えないのだから）。

今やオープンブック・マネジメントを実践する会社の名は、どの業種にも、どの組織形態にも見つけられる——旅行代理店から玩具メーカーまで、個人経営から巨大多国籍企業まで、労働組合の強い工場から航空会社、病院、食料品販売チェーンまで。ゲームの導入に不安を感じるならば、自分の目で確かめてくれればいい。いかなるところでもゲームは効果をあげている。あとは、効果をあげたいという意志を持つことだ。やりたいと思わなくてはならないのだ。

一方で、「どこから始めればいいか？」という質問がこのところふえている。少なくともわたしの考えでは、どこから始めてもかまわないと思う。最初から数字の説明を行なう会社もあれば、とりあえず手当や給与といった財務の一側面から始める会社もある。または、『ヨーヨー・カンパニー』などのテキストを使って、経営や会計の基礎を学ばせる会社もある。従業員がすでに自社株を所有している場合は、株価を上げる方法としてゲームを教え始めることが多い。会社によっては、重要な数字を見つけることから始めて、次にその数字を追うためのゲームを作るところもある。

もちろん、本書から始めるのもひとつの手だ。現に数多くの企業が、『グレートゲーム・オブ・ビジネス』を使ってゲームの概念を説明し、従業員にゲームの導入方法を考えさせている。コマーシャル・ケースワークの社長ビル・パーマーは、毎週、従業員のグループと本書を二章ずつ読んで、意見を述べ合うという場を設けた。この集まりへの参加は完全に個人の自由で、勤務時間には組みこまれていなかったが、全労働者の九五パーセント――新入社員の一部を除いて全員――が最初の一年のうちにすべての過程をやり遂げた。しかもこれは組織化した労働組合を持つ会社の例だ！

何も、本書をマニュアルとして読んで逐一それを真似しろということではない。むしろ本書は案内書として利用してほしい。ここに紹介したテクニックのいくつかは、そのまま役に立つかもしれない（その場合は使っていただきたい）が、テクニック自体よりも、背後にある考え方、もととなる原則が重要なのだ。上述したように、テクニックはつねに改良される。変わらないのは、従業員の考えをより高いレベルに引き上げようという基本姿勢だ。われわれは従業員に会社の現状を知ってもらい、じゅうぶんな知識と確かな情報に基づいて、みずから判断を下せるようになってほしいと思っている。

そこで、わたしはこう助言したい。本書を読んだら、あなたの会社に当てはまる話があったかどうか考えてみよう。もしあったなら、まずその部分から取り組んでみる。ほかの部分はいったん横に置いておこう。あとで必要になったら戻ってくればいい。

忘れてならない肝心な点は、ゲームはある目的へと向かう旅なのであって、目的地そのものではないということである。それは継続的に学ぶ過程なのであって、定まったシステムだとか一連のテクニックだとかではない。とっつきやすいところから始めればいい。続けることが重要だ。成功を積み重ね、失敗から学ぶ。何をするにせよ、あきらめてはいけない。途中で投げ出したり、現状に満足して変化を拒絶したりしなければ、必ず成果がでるはずだ。

ジャック・スタック
ミズーリ州スプリングフィールド

謝辞

本書の執筆にあたって、わたしを鍛え導いてくれたすべての人たちに感謝したい。まずは両親だ。車に子どもたちを乗せて、父が働く工場の前を通るたびに、母は四人の幼い子どもたちに頭を垂れさせ、「父さんに仕事があることを神に感謝なさい」と言っていた。父は毎年、クリスマスの頃になると三つか四つの仕事を掛け持ちし、母も郵便局で働いて、ツリーの下に子どもたちへの贈り物を用意していた。わたしは自立心と、互いを尊重することと、神の愛と、信頼のすばらしさを家族に教えられた。そのことは生涯感謝し続けるだろう。

メルローズパークでともに働いた同僚や上司にも感謝したい。彼らはきびしい時代にも生き残ろうとする、ほんとうに偉大な人たちだった。彼らにとっては、現状を維持し企業を存続させるのは大変なことだった。わたしがメルローズパークに赴任してから退職するまで生き残れるかどうか、毎日が闘いだったが、そこには確固とした決断と、チームワークと、存続のための強い意志があり、わたしはそのチームの一員であったことを誇りに思う。

　SRCのパートナーや同僚や友人には、夢を実現させるため、長年にわたってともに働いてくれたことを感謝したい。夢の実現のために働くのはたやすくはなかったが、楽しいものだった。同僚たちすべてが熱意を持ち、この世界をよりよくするために関心を示し、知識を要求し、互いを尊重してくれたことをありがたく思う。願わくば夢を実現し、全員のポケットに多少なりともご褒美を配り、これまでよりもさらによい環境を残したい。

　さらに本書の製作に尽力してくれた人たちに、その血と汗と涙の努力を感謝したい。カレンシー社のハリエット・ルービンは、われわれのゲームを本にしようと思い立ち、献身的に導いてくれた。その同僚ジャネット・コールマンとリン・フェニックは、わたしが脱線しそうになるたびにきちんと軌道修正してくれた。ダブルデイ社のパット・パスカルとジャネット・ヒルとロレーン・ハイランドは、勇ましい働きぶりを見せ、記録的短期間で本を出版してくれた。ピーター・クルーザンとメアリーサラ・クインは、それぞれのすばらしい才能と技術を組み合わせて、印象的な装丁に仕上げてくれた。

　ロビンズオフィスのキャシー・ロビンズとエリザベス・マッケイをはじめとする社員たちは、必要なときにいつも助けてくれたし、誰も気を抜かないよう見張っていてくれた。

　妻のベッツィーと子どもたちはわたしを信頼し、上り坂のときも下り坂のときもわたしを見守ってくれた。妹のマーガレット・ロンバルディは、わたしが何時間もかけてテープに吹き込んだ言葉を原稿に起こしてくれた。デニス・シェパードは予定を立ててくれたし、ベッキー・レインはさまざまな問題をすべて処理してくれたし、リチャード・カニンガムは最初から最後までゆるぎない支援をしてくれた。ルシアン・ロードは初期段階で大いに尽力してくれた。

最後になってしまったが、忍耐強く支えてくれたリサ・バーリンガムと、才能と熱意を発揮してわたしに本を書かせてくれたボー・バーリンガムにも惜しみない拍手を捧げたい。彼がいなければ、この本は仕上がらなかったにちがいない。

訳者あとがき

優雅なまでにシンプルで、とことんラディカル。

アメリカで本書に寄せられた評のひとつだ。

テクニックが少し。そして、働く人間の良識を羽ばたかせる知恵がたくさん。

という評もある。

テーマは、オープンブック・マネジメント。耳ざとい読者には、もうなじみのある言葉だろう。すでに実践している企業もあるかもしれない。

オープンブック・マネジメントとは、かつてアメリカ産業界が労働生産性の低下にあえいでいた時期に考案され、導入された経営革新の手法で、従業員に自社の財務情報を開示すること、またその内容が全員に理解できるよう研修を施すことを骨子としている。

研修で、財務諸表の読みかたや、企業が収益をあげるしくみを学んだ従業員は、利益が伸びているときは昇給を予測することができるし、逆に利益が減少した場合、予算引締めや昇給延期の理由も理解できるようになる。そのことによって、労使関係は安定し、また、何より大きな効用として、従業員のあいだにコスト意識が、さらにはオーナーシップが芽生える。ひとりひとりが経営者の目でみずからの職務を検分し、生産性の向上に努めることができるというわけだ。

このオープンブック・マネジメントの〝開祖〟ともいうべき存在が、本書の著者ジャック・スタックである。一九八三年、経営不振に陥ったインターナショナル・ハーヴェスター社の一部門を、荷物を押しつけられる形で任され、スプリングフィールド・リマニュファクチャリング社（SRC）を興した。一従業員から管理職へ、そして経営者へという自身の経歴を生かして、ボトムアップ式の経営改革を行ない、みごとに再建を果たした。一〇万ドル以下で払い下げられたSRCは、現在、時価総額二五〇〇万ドルを超す優良企業となっている。

その再建への試行錯誤の中で生まれ、実践されてきたのが、オープンブック・マネジメントであり、グレートゲーム・オブ・ビジネスである。本書を読めばわかるように、これは単なる経営テクニック、意識改革の便法ではない。〝理念〟というか、ビジネスそのものを体系的にとらえ直す骨太の思想のようなものが、底にどっしりと横たわっている。

もちろん、ジャック・スタックがここで開陳する経営革新の手法自体は、すぐれて平明かつ具体的なものだ。財務情報を全社員に開示し、それぞれの情報の持つ意味を周知徹底させたうえで、ゲームとして競わせる。そのゲームの目標となる数値は、損益計算書と貸借対照表からそれぞれひとつずつ選び出すべきだという。

要らざる解説かもしれないが、損益計算書は営業期間中の経営成績を示すもので、期間中に獲得された収益とそのために必要とされた費用とを対応表示することにより、当期純利益とその発生源を明らかにする。損益計算書を見れば、企業の収益力を知ることができ、将来の経営に対する有効な指針を得ることができる。

一方、貸借対照表は一定時点での資産・負債・資本の在高《ありだか》を記載したもので、企業の財政状態を明らかにしてくれる。

すなわち、本書中に何度も出てくる「収益をあげ、資産を作る」という企業経営の二大要素をゲームのゴールに設定するわけだ。ジャック・スタックが言うように、じつは、資本主義体制の中で働く誰もが、意識するしないにかかわらず、グレートゲーム・オブ・ビジネスに参加している。ならば、意識的にゲームに取り組むことで、ビジネスの本質的なメカニズムを味方につけることができるのではないか。

アメリカ生まれのオープンブック・マネジメントは、そしてこのグレートゲーム・オブ・ビジネスは、ドライなようでいて、その実、終身雇用の発想にもつながりそうな〝古き佳き〟温かみを備えている。日本の企業風土の中で、大いに威力を発揮するのではないかと思える。

二〇〇二年六月　楡井浩一

〔訳者略歴〕
楡井浩一（にれい・こういち）
1951年生まれ。北海道大学卒業。英米のノンフィクション翻訳で活躍。主な訳書に、マイケル・ウルフ『遊び心の経済学』ハドソン研究所『超大国日本は必ず甦る』（小社刊）エリック・シュローサー『ファストフードが世界を食いつくす』（草思社）ケリー・グリーソン『なぜか、仕事がうまくいく人の習慣』（PHP研究所）ウダヤン・グプタ『アメリカを創ったベンチャー・キャピタリスト』（翔泳社）ほか多数。

グレートゲーム・オブ・ビジネス
社員の能力をフルに引き出す最強のマネジメント

第1刷――2002年6月30日

著　者――ジャック・スタック
訳　者――楡井浩一
発行者――松下武義
発行所――株式会社徳間書店
東京都港区芝大門2－2－1　郵便番号105-8055
電話　編集部(03)5403-4344　販売部(03)5403-4323
振替00140-0-44392
（編集担当）青山恭子
印　刷――十一房印刷工業(株)
カバー印刷――真生印刷(株)
製　本――(株)宮本製本所

ISBN4-19-861533-0

「遊び心」の経済学
あらゆるビジネスは娯楽へ進化する
マイケル・J・ウルフ
楡井浩一[訳]
今あらゆるビジネスの成功の鍵を握るのはファクターE(エンタテイメント性)である。米トップ・コンサルタントの著者が、大衆の心をつかみヒット商品を生み出す秘訣を伝授。

クライシス・マネジメント
アイアン・ミトロフ
上野正安
大貫功雄[訳]
米同時多発テロから企業は何を学ぶべきか?「危機管理」の権威が豊富な実例をまじえて語る、企業における危機管理の要諦。危機を避けられない時代に生きる現代人の必読書。

コンサルティングの悪魔
日本企業を食い荒らす騙しの手口
ルイス・ピーノルト
森下賢一[訳]
ボストン・コンサルティング・グループ元社員の衝撃手記。企業の弱みにつけ込んで、助けるふりをしてとんでもない利益をあげるコンサルタントの騙しの手口を暴露する。

マイクロソフト帝国の反逆者たち
マイケル・ドラモンド
内田昌之[訳]
悪名高いウインドウズを最高にクールなOSに変えようとした3人の男たちがいた。社内の抵抗勢力と戦い、解雇の危機を乗り越えて画期的技術を作った彼らの栄光と挫折の物語。

良い改革 悪い改革
日本経済 生か死かの選択
リチャード・クー

このままでは大恐慌になる! 小泉政権が「改革」の名のもとに推進する不良債権処理と財政再建は日本を破滅に導く導火線だ。竹中経財担当相の政策を徹底批判する。

超大国日本は必ず甦える
ハドソン研究所
楡井浩一[訳]

現ブッシュ政権の最有力シンクタンクが日本の経済・外交・IT・バイオテクノロジーの各分野を徹底的に分析し、21世紀に日本は再び世界のトップ・ランナーになると大胆に予測する。

キッシンジャー10の予言
ヘンリー・キッシンジャー
日高義樹

二一世紀世界はどうなるのか? アメリカの対テロ作戦の今後は? 中国の発展は? 米政権に大きな影響力をもち続けるキッシンジャーが最新の世界情報をもとに予言を放つ。

世界を不幸にしたグローバリズムの正体
ジョセフ・E・スティグリッツ
鈴木主税[訳]

二〇〇一年ノーベル賞経済学者スティグリッツがアメリカのエゴとIMFのエゴを告発し人間の顔をしたグローバリズムの実現を唱える。世界同時発売の衝撃の書。